미드로 배우는 iBT TOEFL 관용표현과 어휘

미드에 빠지면
토플이 풀린다

리스닝, 스피킹, 라이팅 편

미드에 빠지면 토플이 풀린다　　리스닝, 스피킹, 라이팅 편

발행일　　2019년 2월 28일

지은이　　송호영
펴낸이　　손형국
펴낸곳　　(주)북랩
편집인　　선일영　　　　　　　　　　　　편집　　오경진, 권혁신, 최승헌, 최예은, 김경무
디자인　　이현수, 김민하, 한수희, 김윤주, 허지혜　　제작　　박기성, 황동현, 구성우, 정성배
마케팅　　김회란, 박진관, 조하라
출판등록　　2004. 12. 1(제2012-000051호)　　　　저작권등록　　제C-2018-034310호
주소　　서울시 금천구 가산디지털 1로 168, 우림라이온스밸리 B동 B113, 114호
홈페이지　　www.book.co.kr
전화번호　　(02)2026-5777　　　　　　　　　　　팩스　　(02)2026-5747

ISBN　　979-11-6299-559-4 14740 (종이책)　　　979-11-6299-560-0 15740 (전자책)
　　　　　979-11-6299-558-7 14740 (세트)

이 도서의 국립중앙도서관 출판예정도서목록(CIP)은 서지정보유통지원시스템 홈페이지(http://seoji.nl.go.kr)와
국가자료공동목록시스템(http://www.nl.go.kr/kolisnet)에서 이용하실 수 있습니다.
(CIP제어번호: CIP2019005928)

(주)북랩 성공출판의 파트너

북랩 홈페이지와 패밀리 사이트에서 다양한 출판 솔루션을 만나 보세요!

홈페이지 book.co.kr　　•　　**블로그** blog.naver.com/essaybook　　•　　**원고모집** book@book.co.kr

미드로 배우는 iBT TOEFL 관용표현과 어휘

미드에 빠지면 토플이 풀린다

리스닝, 스피킹, 라이팅 편

송호영 지음

★ 원어민 녹음 MP3 파일
무료 제공

<Criminal Minds>, <Law&Order: Criminal Intent>, <Star Trek> 시리즈 속
살아 숨 쉬는 토플 표현&단어를 내 것으로 만든다!

북랩 book Lab

　현장에서 수년간 토플 강의를 해 오면서 토플 시험을 본 적이 있
거나 토플 실전(기출) 문제를 공부해 본 수강생한테서 공통적으로
들은 얘기가 있습니다. 토플 시험은 어렵고 토플 시험을 준비하는
과정이 쉽지 않다는 말입니다. 토플 4개 영역의 지문에서 생소하고
어려운 표현, 어휘가 나온다는 점은 토플 수험생들로 하여금 토플
을 어렵다고 느끼게끔 만드는 이유 중 하나일 것입니다. 토플 강사
로서 어떻게 하면 수강생들이 어렵다고 느끼는 토플의 표현과 어휘
학습을 좀 더 흥미 있고 수월하게 만들 수 있을까 생각을 해 오던
차에 토플의 관용표현과 어휘가 공상과학/법의학/심리과학수사 등
을 소재로 한 미국드라마(미드)와 통하는 면이 있다는 점을 알게 되
었습니다. 이 점에 착안하여 토플 관용표현과 어휘를 미드 대사로
학습해 보는 비교적 새로운 방법을 제시하고자 책을 집필하게 되었
습니다.

『미드에 빠지면 토플이 풀린다: 리스닝, 스피킹, 라이팅 편』은 다음과 같은 특징으로 구성되어 있습니다.

1. 기존의 토플 어휘 학습서와 다르게 각 페이지 표제어인 관용표현과 어휘를 미국드라마(〈Criminal Minds〉, 〈Law&Order: Criminal Intent〉, 〈Star Trek〉, etc.)의 특정 신(Scene) 대사를 통하여 좀 더 흥미 있게 익힐 수 있도록 했습니다.
2. 기존의 토플 어휘 학습서들에서는 다루지 않았거나 비중 있게 다루지는 않았지만 실전에서 빈출되거나 빈출될 관용표현/어휘로서, ① 토플 4개 영역(읽기/듣기/말하기/쓰기) 문제 해결과 정답 찾는 데 결정적 단서가 되는 핵심 표현과 어휘 그리고 ② 습득하면 토플 지문 내용을 빠르고 쉽게 이해할 수 있게 해 주는 표현과 어휘를 수록하였습니다.
3. 영영 풀이를 제시하여 토플에서 필요한(정답 선별 및 답변/답안 작성에 필요) 문장 변환(Paraphrasing) 스킬 향상에 도움이 되도록 하였습니다.
4. 토플 관용표현 및 어휘 학습에 도움이 되는 해설을 제시하여 학습 효과를 높였습니다.

아무쪼록 수험생들의 토플 시험 준비에 도움이 되기를 진심으로 바랍니다.

2019년 2월
송호영

Contents

PART 01 토플이 풀리는 미드 관용표현

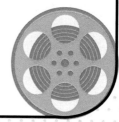

PART 02 토플이 풀리는 미드 어휘

이 책의 구성

1. 미드 속 200개 장면에서 찾은 토플 표현과 어휘

〈Criminal Minds〉, 〈Law&Order: Criminal Intent〉, 〈Star Trek〉 시리즈에 등장하는 토플 핵심 빈출 어휘를 200개로 추렸다. 미드의 시즌 및 에피소드 번호, 등장 시간을 실어두어 실제 미드 장면을 찾아 보는 것도 가능하다.

2. 무료로 제공되는 원어민 녹음 MP3 파일

표지 앞날개의 QR 코드를 태그하거나 저자의 블로그에 접속하여 미드 MP3 파일을 다운로드 받으면 미드 Scene 번호에 맞춰 제작된 미드 대화를 들을 수 있다. 듣기까지 훈련할 수 있을 것이다.

3. 영영 사전 풀이

우리말 뜻 아래에 영영 풀이를 수록했다. 같이 읽으면 바꿔 쓸 만한 단어나 어구를 익혀 둠으로써, 패러프레이징(Paraphrasing) 능력까지 키워 보자.

4. 토플엔 이렇게 나온다

토플에 빈출되는 문장을 한글로 번역하여 수록하였다. 표현 및 어휘를
학습하고 나면 토플 작문도 수월해질 것이다.

5. 토플이 풀리는 Tip

현직 토플 강사가 콕 집어 알려 주는 토플 출제 경향. 해당 표현 및 어
휘가 토플의 파트 중 어디에 자주 나오는지, 어떤 유형으로 출제되는지
알 수 있다.

6. 미드 Scene 설명

누가 보더라도 대화를 이해할 수 있도록 장면 설명을 덧붙였다. 본 적
없는 미드라도 충분히 파악이 가능하다.

Criminal Minds

범죄수사에서 범죄자의 심리, 행동을 분석하는 프로파일링 기법을 이용하여 범죄사건을 풀어나가는 FBI 요원들.

Jason Gideon(팀장, 시즌 1~3 출연), Dr. Spencer Reid, Emily Prentis 요원, Jennifer Jareau 요원, David Rossi(시즌 3부터 출연), Penelope Garcia(FBI 정보조사원), Aaron Hotchner(시즌 1~12 출연), Derek Morgan 요원, Kate Callahan 요원(시즌 10 출연), Elle Greenaway 요원 (시즌 1~2 출연), Dr. Alex Blake(시즌 8~9 출연), Ashley Seaver 요원(시즌 6 출연)

Law&Order: Criminal Intent

뉴욕 검찰과 경찰로 구성된 특수수사대.

Robert Goren 형사, Alexandra Eames 형사, James Deakens 경감, Ron Carver 검사, Mike Logan 형사(시즌 6), Megan Wheeler 형사, Danny Ross 경감

Star Trek: The Next Generation

행성연방소속 엔터프라이즈호 승무원들.

Captain(대령) Jean-Luc Picard, Lieutenant(해군계급 대위) Worf, Security Chief(보안실장) Tasha Yar, Lt. Commander(해군계급 소령) Data, Medical officer(군위관) Beverly Crusher, Lt. Commander(소령) Deanna Troi, Geordi La Forge(기관장), Commander(부함장, 일등항해사) William T. Riker

 ## Star Trek: Deep Space Nine

행성연방 소속 딥스페이스나인 우주기지(소행성 베이조에 위치) 승무원들.

Commander/Captain(대령) Benjamin Sisko. Quark(실리적인 페렝기종족으로서 바를 운영), Chief petty officer(하사관) Miles Edward O'Brien, Jake Sisko(Benjamin Sisko 아들), Lt. Commander(소령) Worf, Security Chief(보안실장) Odo, Doctor(의사) Julian Bashir, Major(육군/공군계급 소령) Kira, Lt. Commander(소령) Jadzia Dax, Counselor(심리 상담가) Ezri Dax

Star Trek: Voyager

행성연방 소속 보이저호 승무원들.

Captain(대령) Kathryn Janeway, Commander(부함장, 일등항해사) Chakotay, Ensign(소위) Harry Kim, Lieutenant junior grade(중위) B'Ellana Torres, Lieutenant junior grade(중위, medic) Tom Paris, Lieutenant(대위, 이등항해사) Tuvok, Chef(요리사) Neelix, The Doctor(의사) EMH, Nurse(간호사) Kes, Cyborg(사이보그) Seven of Nine

토플이 풀리는
미드 관용표현

a course/class meets

수업이 열리다, (언제/어디서) 수업하다

 토플엔 이렇게 나온다(SP 통합형)

심리학개론은 강당에서 수업이 열립니다(심리학개론은 큰 강당에서 가르치는 사람과 수강생들이 함께 모입니다/만납니다).

미드 | **Scene 1-1**

Dr. Spencer Reid: Morgellons?
Penelope Garcia: There's **a Magellan's astronomy club** that **meets** on Tuesdays.

Dr. Spencer Reid: 모젤란이요?
Penelope Garcia: 마젤란 천문학 동아리 모임이 화요일에 있어요.

<Criminal Minds> S10_EP04 00:19

미드 | **Scene 설명**

살인 용의자를 색출하기 위해 Dr. Spencer Reid가 단서가 될 만한 키워드를 Garcia에게 전화로 알려 주면서 조사해 보라고 요청한 사항에 대해 Garcia가 컴퓨터 조회 결과를 말해 주는 장면.

a sense of ~

~ 감, ~감각

 토플엔 이렇게 나온다

지역 주민들에게 몇몇 강의를 무료로 수강할 수 있게 함으로써 우호(호의)의 감(감정)을 쌓을 수 있습니다.

미드 | Scene 2-1

Jason Gideon: He's got **a sense of** humor, displays empathy.

Jason Gideon: 그는 유머 감각 있고 (타인에 대한) 공감도 보여 주네.

<Criminal Minds> S1_EP03 00:11

미드 | Scene2-2

Derek Morgan: Narcissistic, inflated **sense of** self-worth, history of bad relationships.

Derek Morgan: 자기애, 부풀려진 자존감, 안 좋은 인간관계의 기록(역사).

<Criminal Minds> S1_EP05 00:28

미드 | Scene 설명

미드 Scene 2-1: Jason Gideon이 Aaron Hotchner와 범죄 혐의자에 대해 전화통화하는 장면.

미드 Scene 2-2: Derek Morgan이 집착이 강한 범인들 특징에 대해 얘기하는 장면.

참고하세요

a sense of proportion(균형감각), a sense of direction(방향감각), a sense of responsibility(책임감), etc

Day 3

a waste of money/time

시간/돈 낭비

토플이 풀리는 🔊 Tip

SP 통합형에서 대화의 내용 중 중심화자가 학교의 방침 등에 대해 시간/돈 낭
비라는 말을 종종 합니다.

미드 | Scene 3-1

Minister: And it won't happen again. It was your idea to
bring them here. And obviously it was **a waste of time**.
Please… go home.

Minister: 다신 이런 일이 발생해서는 안 될 겁니다. 그들(FBI 요원들)을 여기로 데려
오는 건 당신(멕시코 Navarro 경감) 생각이었죠. 그리고 분명히 시간 낭비였어요. 제
발… 집으로 가세요(FBI요원들에게 하는 말).

<Criminal Minds> S1_EP19 00:26

미드 | Scene 설명

멕시코의 한 지역에서 발생한 범죄 해결을 위해 파견된 FBI 요원들에 대해 멕
시코 법무장관이 멕시코 경감에게 말하는 장면.

account for ~

~을 설명하다, (주어가) ~의 원인이 되다

to provide an explanation or justification for something

토플이 풀리는 🔊 Tip

이 구동사가 쓰인 문장과 주변 내용에서 사실일치/불일치 문제 또는 세부사항을 묻는 문제가 나올 수 있습니다.

미드 | ## Scene 4-1

Aaron Hotchner: Can you **account for** William's whereabouts for the last 24 hours?
William's daughter: My dad was at home with us.

Aaron Hotchner: 지난 24시간 동안의 윌리엄의 행적을 설명해 주실 수 있습니까?
William's daughter: 아빠는 우리와 함께 집에 계셨어요.

<Criminal Minds> S4_EP12 00:07

미드 | ## Scene 설명

Aaron Hotchner가 살인 범죄 용의자 William의 부인, 딸과 대화하는 장면.

🌸 참고하세요

차지하다'라는 의미도 있습니다.
i.e. 콩은 A농장 연간 전체 곡물 생산량의 1/3을 차지합니다(account for one third).

across the board

전면적으로, 일률적으로

to affect or include all people, classes, or categories

토플엔 이렇게 나온다

신뢰성은 업계 전면적으로(전반적으로, across the board) 평준화되어 있기(거의 같기) 때문에 소비자들은 전자제품을 고를 때 신뢰성보다는 제품의 특징을 보게 됩니다.

미드 | Scene 5-1

Electroencephalograph(brain wave) technician: He tested no mermers **across the board**, On each variable image.

Electroencephalograph(brain wave) technician: 변하는 각각의 이미지들에 대해 일률적으로 그에게서 MERMER(뇌전도 반응)는 없는 걸로 검사되었어요.

<Criminal Minds> S3_EP19 00:13

미드 | Scene 설명

살인 피해자 사진을 본 범죄사건 용의자의 뇌파반응 검사(사진을 통해 살인 피해자를 보았을 때 살인자 본인인 경우 뇌에서 반응이 나타나므로 범인 확증에 도움을 줌) 결과에 대한 Aaron Hotchner와 뇌파 검사 테크니션의 대화 장면.

anything but ~

결코 ~ 아닌, ~ 빼고는 아무거나 된

by no means; not at all

 토플엔 이렇게 나온다

그 영화는 절대 지루하지 않아요(지루한 거 빼고는 아무거나 됩니다. anything but boring).

미드 | Scene 6-1

John black wolf: That her?
Sheriff Jim: She won't give us **anything but** her name and her social security number.

John black wolf: 저 여자(아이)인가요?
Sheriff Jim: 본인 이름과 사회보장번호 말고는 아무것도 알려주지 않을 거예요.

<Criminal Minds> S1_EP16 00:29

미드 | Scene 설명

위험한 사이비 종교에 빠진 Ingrid(경찰차 안에 있는 여자아이)에 대해 얘기하는 장면.

 참고하세요

anything but에서 but의 의미는 except입니다.

25

as far as I'm concerned

내 의견으로는, 내가 보기에

in my opinion

🪂 토플엔 이렇게 나온다

제 의견으로는, 학생들이 교수를 평가하는 게 허용되어야 합니다.

미드 | Scene 7-1

Aaron Hotchner: **As far as I'm concerned**, you passed your qualification.
Derek Morgan: Reid, you all right?

Aaron Hotchner: 내 의견으로는, 자넨 자격시험을 통과했네.
Derek Morgan: 리드, 괜찮아?

<Criminal Minds> S1_EP06 00:39

미드 | Scene 설명

결정적 순간에 범인에게 총을 쏘아 쓰러트린 Spencer Reid 박사에게 Aaron Hotchner와 Derek Morgan이 말하는 장면.

참고하세요

as far as expense goes는 '비용 측면(입장/기준)에서는', '비용의 경우에는'이라
는 의미입니다.

at stake

(돈/목숨/운명이) 걸리어, 위태로운, 성패가 달린, 관건인

at risk; in question

 토플엔 이렇게 나온다

학교에서 과제로 작업한 작품의 성패(at stake)는 학점이지만 학교 졸업 후 전업 미술가로 일하는 경우는 얘기가 달라지지.

미드 | Scene 8-1

Jason Gideon: A lot of lives could be **at stake**.
Aaron Hotchner: You were romantically involved with Lynn Dempsey, Mr. Hill?

Jason Gideon: 많은 인명이 위태로울 수 있어요.
Aaron Hotchner: 당신은 린 뎀시와 연애하는 관계였죠(연인관계로 엮여 있었죠), 힐 씨?

<Criminal Minds> S1_EP13 00:31

미드 | Scene 설명

경찰서 취조실 안에서 Jason Gideon과 Aaron Hotchner가 범인과 대화하는 장면.

Day 9

at the very least

최소한, 떠벌리거나 과장하지 않는다 해도

at or of the lowest amount possible; at the absolute minimum

 토플엔 이렇게 나온다

① 학교 신문사는 A학생에게 최소 사과 정도는 해야 합니다.
② 의미가 있으므로 무대배경 연출가와 풍경화가의 상호 영향은 최소한이라
도 고려해 봐야 합니다.

미드 | Scene 9-1

Dr. Spencer Reid: For the sake of your children, I believe that they, **at the very least**, deserve the truth.
Eric: I can't get… the image of my dead children out of my mind.

Dr. Spencer Reid: 당신의 아이들을 위해서 아이들은 최소한 진실을 알 자격이 있
다고 믿어요.
Eric: 죽은 나의 아이들 모습을 마음속에서 떨칠 수가 없어요(아이들의 모습이 계속
떠올라요).

<Criminal Minds> S1_EP07 00:10

미드 | Scene 설명

경찰서 취조실에서 범죄 혐의자(Eric)에게 Dr. Spencer Reid가 말하는 장면.

at odds with ~

~와 상충하여

in conflict with someone or something

토플엔 이렇게 나온다

그들은 세상의 트렌드가 그들의 믿음과 신념에 상충한다 하여도 때로는 세상
과 타협하는 융통성을 발휘할 줄 알았습니다.

미드 | Scene 10-1

Captain Jean-Luc Picard: All of my instincts, my training,
my very being as a Starfleet officer are **at odds with** my
responsibility as arbiter of the Klingon High Council.

Captain Jean-Luc Picard: 나의 모든 본능, 나의 교육(훈련), 스타플릿 함선 장교로
서 다름 아닌 나의 존재는 클링턴 고등 위원회의 중재자로서의 나의 책임감과 상
충된다.

<Star Trek: The Next Generation> S4_EP26 00:22

미드 | Scene 설명

Worf가 아버지 반역행위 누명을 벗게 하고자 듀라스 가문(Worf의 가문)에 불리
한 증거가 되는 스타플릿의 기록(파일)을 이용하려는 것에 대해 Captain Jean-
Luc Picard가 원칙과 규칙을 말하며 Worf를 타이르는 장면.

at the expense of ~

~의 희생/대가로, ~ 희생시킨다는 것/명분/명목으로

in the name of or In return for causing damage or loss
to somebody or something

토플엔 이렇게 나온다

대학교 인근 지역사회와의 교류를 희생시킬 수 있다는 명목으로 대학생들이
학내에서의 다른 경험을 하는 데 시간을 사용하는 것이 포기되어서는 안 됩
니다.

미드 | ## Scene 11-1

Capt. Picard: Graves··· every man has his time, every man,
without exception. But you've cheated. You have extended
your life **at the expense of** another.

Capt. Picard: 그레이브스··· 예외 없이 모든 사람은 정해진 시간(자연사)이 있어. 하
지만 당신은 속였어. 다른 사람을 희생시켜 생명을 연장했어.

<Star Trek: The Next Generation> S2_EP06 00:41

미드 | ## Scene 설명

나이가 들어 곧 죽게 되는 Graves가 Graves가 사는 행성을 방문한 Data(사이
보그, 소령 계급)를 이용하여 데이터의 정신을 죽이고 본인의 정신을 데이터에
이식하여 스스로의 삶을 연장하려는 것에 대해 Picard 함장이 얘기하는 장면.

a matter of ~

~의 문제인, ~이 관건이 되는, ~가 결정인자인

① what is important is (doing something)
② (something) is the main or consequential issue

 토플엔 이렇게 나온다

자연선택설이 문제(결정인자)인 ~, 그것은 삶과 죽음의 문제입니다.

미드 | Scene 12-1

Derek Morgan: And a perfected ruse would explain how he was able to get her through the lobby of a 5-star hotel with no one looking. It's just **a matter of** time before he finds himself another victim.

Derek Morgan: 완벽한 계략이 어떻게 그가 그 누구 보는 이 없이 그 여자를 5성급 호텔 로비를 통과하게 할 수 있는지를 설명해 줄 거야. 놈이 다른 피해자를 찾아내는 건 시간문제야.

<Criminal Minds> S1_EP20 00:15

미드 | Scene 설명

조지아 주 애틀랜타 여성 납치 살인범에 대해 대화하는 장면.

PART 01 · 토플이 좋아하는 미드 상용표현

Day 12

be동사 into ~

~에 빠져 있다

to be interested in something

 토플엔 이렇게 나온다

나는 문학에 빠져 있어요(into).

미드 | Scene 13-1

David Rossi: Long way to go, kid.
Penelope Garcia: I **am into** epidermartistry as much as the next gen X sir.

David Rossi: 아직 갈 길이 멀다네.
Penelope Garcia: 부장님, 전 엑스 세대(신세대)만큼이나 피부 예술 기교에 빠져 있어요.

<Criminal Minds> S5_EP20 00:17

미드 | Scene 설명

살인 현장에서 David Rossi와 그 현장에서 살해당한 끔직한 사체(문신이 있음) 사진을 전송받아 사무실 PC에서 보는 Penelope Garcia의 전화통화 장면.

be동사 reluctant to-v

~하는 것이 마음 내키지 않는, 꺼리는

unwilling to do something; not wanting to do something

토플엔 이렇게 나온다

스크린댄스(영화처럼 특수효과와 함께 무용수의 무용 장면을 담은 영상)의 경우는 무대에서라면 무용수가 할 수 있는 무대 현장에서의 즉흥연기를 못 하니 무용수들이 꺼립니다.

미드 | Scene 14-1

Alex Blake: We need to dig deep in the family and friends, then. That's our suspect pool.
David Rossi: They're gonna **be reluctant to** talk to federal agents.

Alex Blake: 우리는 가족과 친구를 깊게 파야 할 필요가 있어요. 그게 우리 용의자 모음 목록이에요.
David Rossi: 그들은 연방 요원들에게 말하길 꺼려 할 거야.

<Criminal Minds> S9_EP20 00:06

미드 | Scene 설명

웨스트 버지니아 휠링 지역 살인사건과 관련한 Alex Blake와 David Rossi의 대화 장면.

bear/have a resemblance to ~

~와 닮다

to have a degree of similarity to someone or something

토플엔 이렇게 나온다

최근 발견된 희귀한 이 어류의 경우 아주 오래된 실러캔스(coelacanth) 화석
과 닮았습니다(언급 대상의 성질, 특징을 설명할 때 쓰일 수 있는 표현입니다).

미드 | Scene 15-1

Emily Prentis: I would bet you if we could see mike harrison
back then, he would **bear a** striking **resemblance to** our
unsubs' victims.
Aaron Hotchner: Good work, garcia. Keep digging.

Emily Prentis: 확실하게 말하는데요, 우리가 마이크 해리슨을 그 당시에 본다면
그(마이크 해리슨)가 미확인범(애덤 잭슨)의 피해자들과 놀랄 만큼 비슷하게 생겼을
겁니다.
Aaron Hotchner: 수고했어, 가르시아. 계속 파 봐(조사해 봐).

<Criminal Minds> S4_EP20 00:20

미드 | Scene 설명

미확인범(Unidentified subject, 극중에서는 Adam Jackson)에 대한 Emily Prentis,
Aaron Hotchner, Penelope Garcia(가르시아는 본부에서 전화로 얘기함)의 대화
장면.

blend into/in ~
blend in with ~

~과 융화하다, ~과 섞이다

to look or seem the same as surrounding people or things and therefore not be easily noticeable

토플엔 이렇게 나온다

① 생물(나뭇잎벌레)이 주위 자연환경의 일부인 것처럼 위장하여 포식자의 눈에 안 띄게 되어 생존합니다.

② 포식자(문어)가 사냥 시 매복수단으로서 주위 자연환경과 똑같이 위장하여 먹잇감이 경계를 하지 않은 채 다가오면 사냥합니다.

미드 | ## Scene 16-1

Jason Gideon: He's someone you wouldn't notice at first. He's someone who'd **blend into** any crowd. The violent nature of the crime suggests a previous criminal record- petty crimes. Maybe auto theft.

Jason Gideon: 그(범인)는 당신(사람들)이 맨 처음에는 주목하지 않을 사람입니다. 어떤 군중(사람들)하고도 섞이는 사람이죠. 범죄의 난폭한 특징은 이전의 범죄 전과가 있음을 암시합니다. 자동차 절도 같은 작은 범죄일 것입니다.

<Criminal Minds> S1_EP01 00:13

미드 | ## Scene 설명

Jason Gideon이 관계자들 앞에서 살인범에 대해 브리핑하는 장면.

block out

차단하다

to prevent something from being seen or noticeable or entering one's awareness

토플엔 이렇게 나온다(SP 통합형)

① 학생회관 로비는 오고 가는 사람들이 많아서 내 시야를 많이 차단합니다
(Block out 가리다).

② 학생식당에서 음악을 틀게 되면 학생식당에서 공부하는 학생들은 음악소
리를 차단하기(Block out) 위해서 귀마개(Earplug)를 사용합니다.

미드 | ## Scene 17-1

Robert Goren: I saw Julie's homeopathic stash. All the treatments for migraines. And the heavy curtains in her suite, to **block out** the light. She suffered from migraines.

Robert Goren: 줄리가 동종요법 약들을 챙겨두는 걸 봤어요. 모든 치료약이 편두통용 약이더군요. 그리고 그녀의 스위트룸에 햇빛을 차단하기 위해 중량이 있는 커튼을 쳤고요. 줄리는 편두통으로 고생했어요.

<Law&Order: Criminal Intent> S2_EP12 00:20

미드 | ## Scene 설명

Robert Goren 형사, Alexandra Eames 형사가 Nan Turner(살인 피해자)의 딸 Julie 집에 방문했을 때 집 내부와 Julie에 대해 관찰한 내용을 교도소에 수감 중인 제이슨(살인혐의자 Nan Turner)에게 얘기하는 장면.

be동사 broken into ~

부서져 ~로 분쇄되다, 분해되다

to be splitted into smaller pieces

토플이 풀리는 📣 Tip

이 어구는 자연(과학)에서 나타나는 현상을 설명하는 지문에서 사용될 수 있으며 세부사항을 묻는 문제, 정보 연결 문제, 사실 일치/불일치 문제로 나올 수 있습니다.

미드 | ## Scene 18-1

Dr. Spencer Reid: the days used to **be broken into** hourly intervals. The canonical hours of the breviary.

Dr. Spencer Reid: 하루를 시간 간격으로 나누었죠. 성무 일도서(가톨릭)의 시간으로요.

<Criminal Minds> S1_EP22 00:30

미드 | ## Scene 18-2

Derek Morgan: Garcia, look for men living in the area with violent criminal records.
Aaron Hotchner: Also any men who were recently engaged and any who've had the engagements **broken off**.

Derek Morgan: 가르시아, 그 지역에 사는 폭력 전과 있는 남자들을 찾아 봐.
Aaron Hotchner: 또 최근에 약혼했던 남자들과 약혼이 깨진 남자들도 찾아 줘.

<Criminal Minds> S11_EP03 00:09

미드 | Scene 설명

미드 Scene 18-1: 살인 현장에서 살인 도구로 사용한 장검에 새겨진 문구에 대해 Dr. Spencer Reid가 얘기하는 장면.

미드 Scene 18-2: FBI 요원들(Derek Morgan, Aaron Hotchner, etc)이 전용 비행기로 이동하면서 범인(결혼식 앞둔 신부를 살인)에 대해 대화하는 장면.

참고하세요

broken off ~: ~ 부서져 떨어져 나가다

better A than B
B보다는 A가 낫다

 토플엔 이렇게 나온다(SP 통합형)

Better late than never 결석하는 것보다는 늦는 게 낫다.

미드 | Scene 19-1

Odo: I'm sure Morn will do an excellent job as long as he doesn't drink up all your profits.
Quark: **Better** him **than** one of my Ferengi waiters.

Odo: 너의 수익을 다 마셔 버리지 않는 한 몬(사람 이름)이라면 훌륭하게 할 거라고 확신해.
Quark: 내 페렝기 웨이터들보다는 그가 나아.

<Star Trek: Deep Space Nine> S4_EP08 00:07

미드 | Scene 설명

동생 노그가 스타플릿(연방의 군사조직) 아카데미까지 가는 데 같이 동행하는 동안 Quark가 자신의 일(bar 운영)을 대신 봐 줄 Morn에 대해 Odo와 대화를 나누는 장면.

참고하세요

A와 B자리에는 구(Phrase)나 절(Clause) 형태의 말이 들어갈 수 있습니다.
i.e. Better studying for two hours in the morning than studying for 4 hours in the evening.

Day 20

be동사 entitled to ~

~ 자격/권리가 있다

having the right or permission to do something

🪂 토플엔 이렇게 나온다

이 통행증(Pass)이 있으면 공연장 어디든지 출입할 자격이 있습니다(출입이 허용됩니다).

미드 | Scene 20-1

David Rossi: Before you, uh, answer any questions, I need to remind you that you're **entitled to** have a lawyer present.

David Rossi: 이분은 특수요원 데이비드 로시이고요. 질문에 어떤 대답을 하시기 전에 변호사를 참석시킬 권리가 있다는 걸 상기시켜 드려야 하겠습니다.

<Criminal Minds> S4_EP12 00:05

미드 | Scene 설명

David Rossi가 취조실에서 청소년 살해 용의자 Willian Harris에게 말하는 장면.

be동사 analogous to

닮은 꼴인, 유사한, 비유적인

similar or corresponding in some respect

 토플엔 이렇게 나온다

① 원자 안 입자들의 움직임은 행성이 태양 주위를 도는 방식에 비유됩니다.
② 혜성은 목성형 행성과 소행성은 지구형 행성과 닮은 꼴입니다.

미드 | Scene 21-1

William T. Riker: Are these creatures feeding on us?
Doctor Beverly Crusher: Yes, in a very particular way. They extract our cellular peptides. It**'s analogous to** the way leeches consume haemoglobin.

William T. Riker: 이 생물이 우리를 먹이 삼는 건가?
Doctor Beverly Crusher: 예, 매우 특유의 방법으로요. 우리의 세포의 펩타이드를 뽑아내는 거죠. 거머리가 헤모글로빈을 섭취하는 방법과 비슷합니다(비유됩니다).

<Star Trek: The Next Generation> S7_EP06 00:31

미드 | Scene 설명

엔터프라이즈 승무원들을 감염시키는 미확인 생명체의 습성에 대해 Doctor Beverly Crusher가 얘기하는 장면.

참고하세요

두 개의 대상이 같은 혹은 다른 분야이지만 속성 및 성질이 비슷하거나 유사한 경우 사용되는 표현입니다.

be동사 linked to/with ~

~와 연계/연관/연결되다

connected

  토플엔 이렇게 나온다

어린이들의 기억회상능력은 말하는 능력과 연계되어 테스트됩니다.

미드 | Scene 22-1

Dr. Spencer Reid: Evil can't be scientifically defined. It's an illusory moral concept that doesn't exist in nature. Its origins and connotations have **been** inextricably **linked to** religion and mythology. This offender has shown no signs of any belief.

Dr. Spencer Reid: 악마는 과학적으로 정의될 수 없죠. 어디에도 존재하지 않는 환상에 불과한 도덕 개념이거든요. 기원과 내포 의미는 헤어날 수 없게 종교과 신화에 연계되어 왔죠. 이번 범인은 어떤 믿음의 징후도 보이지 않았습니다.

<Criminal Minds> S5_EP23 00:12

미드 | Scene 설명

LA 지역 연쇄 살인범의 생각 및 심리와 관련하여 Dr. Spencer Reid, LA 경찰국 형사, Emily Prentis가 대화하는 중 Dr. Spencer Reid가 말하는 장면.

be동사 true of/for ~

~에 해당(적용)된다, 들어맞다, 유효하다

valid or relevant for someone or something

 토플엔 이렇게 나온다

시력이 약한 박쥐 종류는 반향 위치 탐지를 사용하는데 이것은 사실 많은 박
쥐(약한 시력의 박쥐)에 해당되는 내용입니다.

미드 | Scene 23-1

Lt. Commander Worf: When I served aboard the Enter-
prise, I always knew who were my allies, and who were my
enemies.
Captain Sisko: Let's just say, DS9 has more shades of
gray. And Quark definitely is a shade of··· gray. He has his
own set of rules, and he follows them diligently. Once you
understand them, you understand Quark. I'd say that**'s
true for**··· everyone here.

Lt. Commander Worf: 제가 엔터프라이즈 승선하여 복무할 때는, 누가 내 동맹이
고 누가 내 적인지 항상 알고 있었습니다.
Captain Sisko: DS9에는 더 많은 회색 음영 지역이 있다는 정도로 말할게. 그리고
분명히 쿼크는··· 회색 음영 지역에 있어. 그는 자신만의 규칙을 가지고 있고, 그것
을 부지런히 따르지. 일단 그것들을 이해하면, 쿼크를 이해하게 돼. 그런 사항은···
다른 모두에게도 들어맞을 거야.

<Star Trek: Deep Space Nine> S4_EP04 00:42

미드 | Scene 설명

Worf가 과거 일했던 엔터프라이즈함선에서의 환경과는 다른 환경에서 다른 대원
들과 일하게 되어 안 맞는 부분이 생기자 이에 대해 Captain Benjamin Sisko와 대
화하는 장면.

be동사 less interested in A and more interested in B

(주어는) A에게는 관심이 덜하고 B에 더 관심이 있다

 토플엔 이렇게 나온다

① 돈 버는 것에는 관심이 덜하고 무병장수(無病長壽)에 관심이 더 있습니다.
② 비버는 야간 활동으로 생명 위협에 노출되는 상황(야행성 포식자)보다 에너지의 효율적 사용(낮 활동 피해 에너지 소모를 줄이는 것)에 더 관심이 있습니다.

미드 | Scene 24-1

Dr. Spencer Reid: He'll **be less interested in** money and **more interested in** sadistically manipulating his captives.

Dr. Spencer Reid: 범인은 돈에는 점점 흥미를 잃고 가학적으로 인질들을 조종하는 데 흥미를 더 느끼고 있는 겁니다.

<Criminal Minds> S2_EP04 00:16

미드 | Scene 설명

LA은행에서 은행강도 범인에 대해 Spencer Reid 박사가 브리핑하는 장면.

참고하세요

사람, 동물의 성향이나 성질을 설명할 때 사용하는 표현입니다. 해당 주체는 A와 B 중에서 하나를 선택한다면 B를 선택하는 것입니다.

carry over

운반하다, 이월되다

① to move or take from one place to another
② to retain (merchandise or other goods) for a subsequent, usually the next, season

토플엔 이렇게 나온다

상점의 고객 예치금(Store credit)은 이번 학기에서 다음 학기로 이월됩니다 (Carries over).

미드 | Scene 25-1

Derek Morgan: Then why all the guns, roy? Our record show that your members **carry over** firearms.
Roy: We're simply exercising our constitutional right under the second amendment.

Derek Morgan: 그럼, 왜 그 모든 총들이 필요한 거죠, 로이? 기록에 의하면 당신네 멤버들이 화기를 나르고 있더군요.
Roy: 우리는 그저 두 번째로 개정된 헌법에 명시된(헌법상의) 권리를 행사하는 것뿐입니다.

<Criminal Minds> S1_EP16 00:18

미드 | Scene 설명

Roy(범죄 용의자)가 설립한 단체와 그 지역 범죄사건의 연관성에 대해 Derek Morgan이 Roy에게 물어보는 장면.

catch on
유행하다, 인기를 얻다, 사로잡다

to become popular

 토플엔 이렇게 나온다

미술이나 음악 스타일(사조/방식), 음식 등이 유행합니다(인기를 끕니다).

미드 | Scene 26-1

Willow: I was blindfolded when they took me out. And then I went into the van and touched up my makeup, and then Reggie came out and we drove off. I'm, I'm really sorry you guys were dragged into this. None of us had any idea it would ever **catch on** the way it did.

Willow: 나는 눈가리개를 하게 되었습니다. 그들이 나를 밖으로 데려갔을 때. 나는 밴 안으로 들어갔고 메이크업을 손질했으며 레지가 밖으로 나왔고 우리는 차를 몰고 떠났습니다. 얘들아, 정말로 미안해 여기에 끌어들여서. 우리 중 누구도 그렇게 되었던 방식으로 인기(관심)를 끌 거란 생각을 못 했어.

<Law&Order: Criminal Intent> S6_EP10 00:34

미드 | Scene 설명

Willow는 납치자작극 영상을 본인의 블로그에 올려 조회 수를 올리고 관심을 받게 되었고 이 때문에 뉴욕 경찰이 납치 제보도 여러 건 받게 되는데 납치범 역할을 한 두 사람 중 한 명이 실제로 총으로 납치범 역할을 한 다른 사람을 살해하는 살인 사건이 발생한다. 그로 인해 수사를 시작한 뉴욕 경찰(Mike Rogan, Megan Willer 형사)이 사건 관련자 윌로우(인질 역할)를 취조실에서 조사하는 장면.

correspond to ~

~와 상응하다, 부합하다, 맞아떨어지다

to match or correlate to something

토플엔 이렇게 나온다

① 사진 속 태양의 위치는 과거의 그날 북극에서 그랬어야 되는(그랬어야 되는 게 타당한) 태양의 위치에 부합합니다(그러니 조작된 게 아닙니다).

② 지도에서 파란색과 보라색 표시는 낮은 고도의 위치에 맞아 떨어집니다 (correspond to low elevation).

미드 | Scene 27-1

Seaver: We think the man has a daughter of his own, most likely a brunette like jane.

Derek Morgan: The dates he chooses probably **correspond to** an event involving his own daughter. Our guess is that he lost his daughter in some way and it's symbolic of him not fighting for her in the first place.

Seaver: 그(납치범)에게 딸이 있다고 우리는 생각합니다. 아마 십중팔구 제인처럼 갈색머리를 가졌겠죠.

Derek Morgan: 그가 정한 날짜, 아마도 자신의 딸과 연관된 사건과 일치합니다. 우리의 추측은 어떤 식으로 그가 그의 딸을 잃었고 처음에는 그가 딸을 위해 싸우지 않는다는 걸 상징한다는 것입니다.

<Criminal Minds> S5_EP18 00:21

미드 | Scene 설명

Seaver와 Derek Morgan이 납치범한테서 납치된 딸에 대해 딸의 어머니에게 얘기하는 장면.

coincide with

동시에 일어나다, 맞물리다, 연동하다

① to happen at the same time as something else
② to match or be identical to something

 토플엔 이렇게 나온다

1700년대 후반 피아노의 발달은 중산층의 성장과 궤를 같이 합니다(연동됩니다).

미드 | Scene 28-1

Dr. Spencer Reid: This one's blank, expressionless. Doesn't really **coincide with** anger.

Dr. Spencer Reid: 아무 표정 없는 빈 가면이 분노에 부합하지 않아요.

<Criminal Minds> S3_EP06 00:14

미드 | Scene 설명

텍사스로 이동 중인 FBI 전용 비행기 안에서 FBI 요원들이 범인의 심리를 분석하기 위해 모여 논의하는 장면.

 참고하세요

What a coincidence!(이런 우연이!)
위 문장의 경우처럼 coincidence는 '우연'이라는 의미가 있습니다.

come across ~

~을 우연히 떠올리다, 발견하다, 마주치다

to find or see someone or something incidentally

PART 01 · 토플이 풀리는 미드 관용표현

 토플엔 이렇게 나온다

도서관에서 우연히 논문 쓰는 데 도움이 되는 책을 발견하게 되었습니다.

미드 | Scene 29-1

Chakotay: Under my command, we won't let almighty Federation principles get in the way of opportunities — the way Janeway did when she destroyed the array that could have gotten us home. And we won't be wasting precious time stopping to investigate every insignificant anomaly that we **come across**.

Chakotay: 내 지휘하에선 전능한 연방의 방침이라도 이 기회가 방해받지 않게 할 것이다. — 우리를 집으로 데려올 수도 있었을 어레이 장치를 제인웨이가 파괴하였을 때 제인웨이가 했던 식으로 안 될 것이다. 그리고 우리의 귀중한 시간이 우리가 마주친 모든 하찮은 이상현상 조사로 인해 멈춰서 낭비되는 일이 없도록 할 것이다.

<Star Trek: Voyager> S3_EP24 00:10

미드 | Scene 설명

반란을 일으킨 Chakotay가 말하는 장면.

참고하세요

'A come across to B(사람)' 구조로 쓰이는 경우 'A가 B(사람)한테 떠오르다'라는 의미입니다.

Day 29

come through

발현하다, (과정을 거쳐) 나타나다/등장하다, 도달되다/전해지다

① to be revealed
② to travel through a particular place or area

토플이 풀리는 Tip

예술 작품의 주제, 작가 스타일의 표현을 설명할 때 사용할 수 있는 구동사입니다.

미드 | Scene 30-1

Mrs. Troi: Fascinating, Wyatt, how easily your thoughts **come through**.

Mrs. Troi: 대단해요, 와이엇. 어떻게 그리 쉽게 당신 생각을 말로 나오게 하죠?

<Star Trek: The Next Generation> S1_EP05 00:36

미드 | Scene 30-2

Waitress: Somebody would have to **come through** here doing Cartwheels on fire for me to remember.

Waitress: 내가 누군가를 기억하려면 (그 사람이) 불붙은 상태로 옆으로 재주넘어 여기에 등장해야 할걸.

<Criminal Minds> S4_EP04 00:14

미드 | Scene 설명

미드 Scene 30-1: 트로이 부인에게 고민상담을 받으러 온 와이엇의 대화 장면.
미드 Scene 30-2: 네바다주 리노에서 남녀 커플만 납치하는 살인범을 조사하는 동안 탐문수사 차원에서 방문한 다이너(식당)의 여종업원에게 질문하는 장면.

contribute to ~

~에 기여하다, 일조하다

to add to or exacerbate something

 토플엔 이렇게 나온다

구름은 지구 표면을 냉각 또는 가열하는 데 기여합니다.

미드 | Scene 31-1

Lt. Cmdr. Data: I'm reciting "Ode to Spot". Felis catus is your taxonomic nomenclature — An endothermic quadruped, carnivorous by nature. Your visual, olfactory and auditory senses — **contribute to** your hunting skills, and natural defenses.

Lt. Cmdr. Data: 스폿에 부치는 송시라고 부르겠습니다. (시 낭송) 너는 분류학적 명령법으로 팰리스 케터스이다. 본래 온혈성, 육식성인 사지로 달리는 동물이다. 너는 시각, 후각 그리고 청각적 감각이 사냥 기술과 천연의 방어력에 일조한다.

<Star Trek: The Next Generation> S6_EP05 00:03

미드 | Scene 설명

Data가 시낭송 시간에 모여 있는 승무원들 앞에서 예정된 시낭송을 하는 장면.

Day 32

cut out for ~

~에 적임이다, 딱 맞다

naturally suited to something, such as an activity or task

토플엔 이렇게 나온다

1930년 영화사에 고용되어 영화음악을 연주하게 되는 음악가들은 스튜디오
에서 연주하는 것이 딱 맞는 경우에 곡을 잘 읽어내고 연주할 수 있어야만 하
였습니다.

미드 | Scene 32-1

B'Elanna Torres: I've been looking over the primary sys-
tems. Helm, Ops, Tactical, they're comparable to Voyag-
er's. But it's a lean ship, Captain. No shuttlecraft, only one
transporter, no holodecks, no replicators.
Capt. Kathryn Janeway: Well, Mister Neelix, you may have
your work **cut out for** you.

B'Elanna Torres: 주 시스템을 살펴봐 왔습니다만 조타, 전략 시스템은 보이저랑
견줄 만하지만 홀쭉한 함선입니다. 전송기는 1대뿐이며 왕복선, 홀로덱, 재생기가
없습니다.
Capt. Kathryn Janeway: 닐릭스, 당신에게 딱 맞는(당신이 적임인) 일이 있는 것
같군.

<Star Trek: Voyager> S4_EP26 00:15

미드 | Scene 설명

스타플릿 본부에서 보이저호로 보내 온 암호코드를 해독하여 알게 된 좌표로 보이
저호가 이동하였을 때 마주친 함선에 대해 대화하는 장면.

credit A for/with B

B(공적, 공)에 대해 A를 칭찬하다, B에 대해 A에게 명성을 주다

to give someone praise, admiration, or acknowledge-ment for some task, achievement, or accomplishment

 토플엔 이렇게 나온다

그는 인터넷에 대해 편리하게 정보를 얻을 수 있다는 이유로 칭찬하였습니다.

미드 | Scene 33-1

Dr. Spencer Reid: Did you know that experts **credit** confu-cius **with** the advent of the chopstick? He equated knives with acts of aggression.
Derek Morgan: You don't know how to use them, do you?

Dr. Spencer Reid: 전문가들이 젓가락 출현에 대해 공자를 칭찬하는 거 알았어요. 그는 칼을 공격 행위와 같다고 생각했거든요.
Derek Morgan: 너 젓가락 사용할 줄 모르지, 알아?

<Criminal Minds> S1_EP17 00:17

미드 | Scene 설명

젓가락 사용을 어려워하는 Spencer Reid 박사가 중식당에서 같이 식사 중인 동료들에게 말하는 장면.

cut short

줄이다, 단축시키다

to end something unexpectedly or abruptly before its planned conclusion

토플엔 이렇게 나온다(SP 통합형)

학교 캠퍼스 운행하는 셔틀버스의 운행횟수를 줄이겠습니다.

미드 | **Scene 34-1**

Ms. Hilen brant: You are here to bring justice to the families of 3 beautiful young women whose lives were **cut short** by a cold and calculating killer.

Ms. Hilen brant: 차갑고 치밀한 살인자로 인해 생을 짧게 마감한(단명한) 세 명의 아름다운 여성들의 가족에게 정의를 가져오고자 여기에 오셨습니다.

<Criminal Minds> S3_EP19 00:16

미드 | **Scene 설명**

검사(Ms. Hilen brant)와 변호사(살인 용의자인 산림관리원을 변호함)가 법정에서 변론하는 장면.

different story

다른 얘기(이런 상황이라면 얘기가 달라진다는 맥락에서)

 토플엔 이렇게 나온다

① 당신이 한 말은 맞는 얘기지만 이런 상황에서는 전혀 다른 얘기입니다. 즉, 그 사항이 적용되지 않습니다.

② 아는 것은 한가지 사항(one thing) 실행하는 것은 또 다른 별개의 얘기(quite another)입니다.

미드 | **Scene 35-1**

Seaver: Can you go back a couple months?
Penelope Garcia: Yeah. Oh, my. Back then the spending tells an entirely **different story** of the unhealthy sort. Lots of drugstore purchases.

Seaver: 몇 달 전으로 돌아가볼 수 있어요(몇 달 전 기록 봐 줄래요)?
Penelope Garcia: 예. 오, 이런 그 당시의 지출을 보면 건강하지 않은 쪽으로의 완전 다른 얘기를 알려주네요. 약국에서의 많은 약 구입이라든지.

<Criminal Minds> S6_EP15 00:15

미드 | **Scene 설명**

Seaver FBI 요원이 사건 현장에서 발견한 범죄 희생자 Molly의 약에 대해 Garcia에게 요청한 정보조회 결과를 Garcia가 컴퓨터를 보며 얘기하는 장면.

do away with ~

~을 없애다, ~을 폐지/제거하다

to stop or eliminate something

토플엔 이렇게 나온다

예술가 지원(제도혜택, 자금지원)을 법안을 폐지하였다.

미드 | Scene 36-1

Vedek Bareil: As a chronic misbehaver, I was his favourite victim. I made it one of my life's goals to **do away with** that archaic ritual.
Captain Benjamin Sisko: You have the Federation's support.

Vedek Bareil: 만성적인 나쁜 짓을 저지르는 자로서, 제가 그(수도사)가 선호하는 희생자였었지요. 제 인생의 목표 중의 하나는 이 낡은 의식을 없애는 것으로 했어요.
Captain Benjamin Sisko: (그런 점 때문에) 연방의 지지를 받고 계시죠.

<Star Trek: Deep Space Nine> S1_EP20 00:18

미드 | Scene 설명

어린 시절 수도사로부터 희생을 당하고 구습을 타파해야겠다고 결심한 베이조의 영적 지도자 Vedek Bareil와 Deep Space Nine에서 갈등 관계에 있는 두 사람에 대해 의논하기 위해 Vedek Bareil을 찾은 Benjamin Sisko 함장의 대화 장면.

Day 37

double-duty
두 가지 역할/기능을 가진

토플엔 이렇게 나온다

사탕수수는 사료로 쓰일 수도 있고 에탄올(친환경에너지) 생산 원료로도 쓰일 수 있는 두 가지 역할을 하는 식물입니다.

미드 | Scene 37-1

Emily Prentis: Will's away all week, so I am pulling **double duty** with Henry.
Penelope Garcia: Please tell me we are still on for Saturday night, because I have had it circled on my calendar for the last 23 1/2 days, which apparently, from the look of you, you did not.

Emily Prentis: 윌이 일주일 내내 (집에서) 떠나 있어. 그래서 내가 헨리 때문에 두 가지 역할을 해야 해(일과 헨리 돌보는 거 두 가지를 해 내야 해).
Penelope Garcia: 토요일 밤 여전히 하기로 돼 있는 거라고 말해 줘. 왜냐면 지난 23일하고 반나절 동안 기다렸어. 달력에 동그라미 친 상태로 돼 있어. 그런데 너의 모습을 딱 보니 너는 아니었던 거 같은데.

<Criminal Minds> S7_EP16 00:03

미드 | Scene 설명

Emily Prentis와 Penelope Garcia가 FBI 본부 사무실에서 나누는 대화.

참고하세요

double duty는 '두 가지 역할(기능)'의 의미입니다. Do 같은 타동사의 목적어로 쓰일 수 있습니다.

do justice to 사람/물건
do 사람/물건 justice

① (사람/물건을) 바르게 나타내다, 소홀히 하지 않고 충실히 나타내다
② 정당/공평하게 평가하다/다루다

to describe or show someone or something accurately

토플엔 이렇게 나온다

배가 부른 상태여서 친구가 만들어 준 요리의 맛을 충실히 소홀하지 않고 정당하게 평가할 수 없었다(We couldn't do the dish justice).

미드 | Scene 38-1

Chakotay: Anyway, I agree with Dante. If you always see the road ahead of you, it's not worth the trip.
Captain Kathryn Janeway: A soldier and a philosopher. Your intelligence file doesn't **do you justice**.

Chakotay: 어쨌든, 단테 의견에 동의해요. 항상 당신 앞에 놓인 길이 보인다면 여행할 가치가 없죠.
Captain Kathryn Janeway: 군인이자 철학자. 당신의 지능을 보여주는 파일은 당신을 바르게 평가하지 못했네요.

<Star Trek: Voyager> S7_EP11 00:21

미드 | Scene 설명

우주 공간의 균열로 인한 보이저호 사고로 인해 보이저호 7년 전으로 돌아가게 되어 Captain Kathryn Janeway는 7년 전 Chakotay 부함장을 처음 보게 된다. 그때 Chakotay가 Dante의 말을 인용하고, 이로 인해 Janeway가 Chakotay의 새로운 면을 보게 되는 장면.

engage in ~

~에 몰입하다, 열중하다, 참여하다

to participate in some activity

토플엔 이렇게 나온다

고대 국가는 백성들이 필요로 하는 물품들을 얻기 위해 교역을 하는 데 열중하였습니다.

미드 | Scene 39-1

Dr. Spencer Reid: People who **engage in** various forms of modification often do so with the intent to reveal an aspect of themselves that they feel has been suppressed.

Dr. Spencer Reid: 다양한 형태의 변형에 몰입하는 사람들은 종종 그들이 억압되었다고 느끼는 자신들의 일부분을 드러내려는 의도를 갖고 그렇게 하죠.

<Criminal Minds> S13_EP07 00:17

미드 | Scene 설명

Dr. Spencer Reid가 범인들의 심리분석을 하는 장면.

fall short

부족해지다

to lack enough of something, such as money, time, etc

 토플엔 이렇게 나온다

시야가 좁아지게 되는 경우 우리의 미래 상황 예측에서 현실성이 부족해지
게 됩니다.

미드 | Scene 40-1

Aaron Hotchner: He may also have applied for hunting licenses.
David Rossi: He has some sort of medical or surgical train-ing but **fell short** of making a career out of it.

Aaron Hotchner: 그는 또한 사냥면허증에 지원했었을 수도 있습니다.
David Rossi: 그는 일종의 의학 또는 수술 수련을 받은 거죠. 그러나 거기에서 경력
(직업) 만들기에는 시간이 부족했죠.

<Criminal Minds> S5_EP06 00:21

미드 | Scene 설명

해당 지역(오클라호마 시티, 오클라호마 주) 경찰관들에게 살인범에 대해 브리핑
하는 장면.

far from ~

조금도 ~ 하지 않다

not at all similar or equivalent to something

토플엔 이렇게 나온다

그것은 전연 사실과 조금도 맞지 않습니다.

미드 | Scene 41-1

Tony Kanador: What do you think, I'm stupid?
Aaron Hotchner: **Far from** it.

Tony Kanador: 당신은 내가 멍청하다고 생각해요?
Aaron Hotchner: 그런 것과 거리가 멀죠(조금도 그렇지 않아요).

<Criminal Minds> S2_EP03 00:29

미드 | Scene 설명

취조실에서 Aaron Hotchner와 범죄 용의자 Tony Kanador가 대화하는 장면.

참고하세요

거리가 멀리 떨어져 있다는 것을 의미하는 것처럼 '전혀 가깝지 않다', '근처에도 안 가다', '그런 것과는 거리가 멀다'의 의미의 far from 다음 내용을 부정시켜 부정문으로 만들어 주는 말입니다.

feed and clothe ~

~을 급양하다(먹을 것과 입을 것을 대 주다)

① to give food and cloth to a person, group, or animal
② to provide people, group or animals with what they
   need to make them strong and healthy

토플엔 이렇게 나온다

사회 또는 사회 구성원을 급양하다.

미드 | Scene 42-1

Captain Kathryn Janeway: How many times have we
shared replicators to help people **feed and clothe** them-
selves?

Captain Kathryn Janeway: 얼마나 많이 우리는 (다른) 사람들 스스로 급양하는 것
을 도우려고 복제기를 공유했습니까?

<Star Trek: Voyager> S7_EP9-10 00:16

미드 | Scene 설명

스타플릿의 홀로덱기술의 하이로젠에게로의 전수 때문에 하이로젠들이 피
해를 입게 되고 이로 인해 하이로젠의 원망을 받게 되고 양측이 불신하는 상
황으로 갈 수 있는 상황에서 Kathryn Janeway이 Tuvok과 Chakotay에게
말하는 장면.

fend off

막다, 물리치다, 가까이하지 못하게 하다, 피하다

to ward something off

 토플엔 이렇게 나온다

섬광으로 눈부시게 하여 포식자(Predator)를 가까이하지 못하게 합니다.

미드 | Scene 43-1

Allen Archer: I'll, uh, I'll go with you. That way you don't have to **fend off** the reporters alone.
Jennifer Jareau: Oh, I think we can help you there.

Allen Archer: 내가, 어, 내가 함께 갈 거야. 그런 식으로 기자들을 혼자 물리칠 필요는 없어.
Jennifer Jareau: 그 부분에선 우리가 도와드릴 수 있다고 생각해요.

<Criminal Minds> S10_Ep14 00:08

미드 | Scene 설명

두 요원(Jennifer Jareau, Kate khalahan)이 범죄사건과 관련하여 영웅적 행동을 한 남자 시민의 가정(취재하려는 기자들이 집 앞에서 포진하고 있음)을 방문하여 대화를 나눌 때 그 남자 시민이 자신의 딸을 데리러 나가려는 부인한테 말하는 장면.

Day 44

fit in with ~

~에 (들어)맞다, 어울리다, 적합하다

to become assimilated into and accepted by a group

토플엔 이렇게 나온다

그들은 그들이 속한 사회에 적합하게 하려고 노력합니다.

미드 | Scene 44-1

Clyde Easter: highly controlling and very explosive when something doesn't go as planned.
Jennifer Jareau: Ok, so how does this **fit in with** who he is as a family annihilator?

Clyde Easter: 뭔가 계획대로 안 될 때 매우 통제하려는 게 강해지고 폭발(분노)하죠.
Jennifer Jareau: 좋아요. 그래서 어떻게 이게 그가 가족(조직 내 멤버) 파괴자로서 누구인가(어떤 사람인가)란 질문에 들어맞는 거죠.

<Criminal Minds> S6_EP18 00:28

미드 | Scene 설명

FBI 요원들과 Clyde Easter(테러리스트 전담 특별수사대) 요원이 Doyle(테러리스트 수사대 요원들에 대한 복수로 요원들을 살해)에 대해 분석하고 의논하는 장면.

Day 45

fit into ~

~에 들어맞다, 적합하다, 어울리다

① to be in accord or harmony with someone or something
② to be a suitable size to go into something

토플엔 이렇게 나온다

다람쥐의 작은 체구는 매우 작은 공간에 들어맞도록 해 줍니다.

미드 | Scene 45-1

Captain Kathryn Janeway: It's a way of exploring aspects of yourself··· that probably didn't **fit into** your life as a Borg — imagination, creativity, fantasy.
Seven of Nine: I am uncertain why these things are necessary.

Captain Kathryn Janeway: 아마도 보그로서 너의 삶과는 들어맞지 않는 너 자신의 다양한 면을 알아보는 하나의 방식이지 — 상상력, 창조력, 환상 등.
Seven of Nine: 왜 이런 것들이 필요한지 확신이 안 드는군요.

<Star Trek: Voyager> S4_EP06 00:02

미드 | Scene 설명

사람이 아닌 보그이기 때문에 Captain Kathryn Janeway의 취미인 조소(미술의 한 종류)를 왜 하는지 이해를 못 하고 비효율적인 거라고 느끼는 Seven of Nine과 Captain Kathryn Janeway의 대화 장면.

참고하세요

'Fit A into B' 구조의 경우 'A를 B에 끼워 맞추다, 들어맞게 하다'의 의미입니다

get the knack/hang of it

요령이 생기다

to learn how to do something competently or well after
a certain period of practice or development

 토플엔 이렇게 나온다

처음에는 어려웠는데 시간이 지나면서 요령이 생겼습니다. 일단 요령만 터득
하면 쉬운 일입니다.

미드 | Scene 46-1

Old man(Grandfather playing video game): Yeah, but that's
yours. Yeah, I **got the knack of** it now.

Old man(Grandfather playing video game): 그래, 그건 너의 것이야. 맞아, 이제 요령
이 생겼어.

<Criminal Minds> S10_EP20 00:29

미드 | Scene 설명

Aaron Hotchner의 장인과 손자가 함께 비디오 게임을 하는 장면.

 참고하세요

'knack for/of ~'는 '~의 소질/적성'의 의미입니다.

get/have a handle on ~

~을 확실히 파악/이해하다

to understand something and know how to deal with it

 토플엔 이렇게 나온다

이 해당 과목 입문 강좌 동영상 비디오를 도서관에서 대여해서 보는 것이 이 과목의 현장 강의 수업을 이해하는 데 도움이 될 것입니다.

미드 | **Scene 47-1**

Jennifer Jareau: Uh, captain, I'd like to **get a handle on** the type of press this has been getting and meet some of the local police here.

Jennifer Jareau: (나바로) 경감님, 이 사건으로 관심을 가져온 언론의 유형을 파악하고 이 지역 경찰도 몇 명 만나 보고 싶습니다.

<Criminal Minds> S1_EP19 00:08

미드 | **Scene 설명**

멕시코로 파견된 FBI 팀원들과 멕시코 Navaro 경감이 만나 인사하는 장면.

참고하세요

'~을 조종/관리하다'의 의미도 있습니다.

give it a shot

시도하다, 해 보다

to try something

 토플엔 이렇게 나온다

교수님이 추천하신 소설은 학기 중에는 읽을 시간이 없겠지만 방학이 되면
시도해 볼 수 있을 것 같습니다.

미드 | Scene 48-1

Penelope Garcia: I got a polo mallet in my trunk. Maybe
you should **give it a shot**.
James Bayler: Sorry. none of my business. 3 hours.

Penelope Garcia: 제 차 트렁크에 폴로 채(작은 망치)가 있는데 한 번 망치로 쳐 보
실래요? (농담)
James Bayler: 죄송해요. 관심이 없어요. 3시간째(컴퓨터 먹통)예요.

<Criminal Minds> S3_EP08 00:01

미드 | Scene 설명

카페에서 먹통이 된 랩톱(노트북) 컴퓨터와 씨름하는 남자와 Penelope
Garcia의 대화.

give off

발산하다, 빛/소리/냄새 따위를 내다

to emit, discharge, or radiate something

 토플엔 이렇게 나온다

우주 공간의 거의 모든 별은 무선 전파를 내보내게 됩니다.

미드 | Scene 49-1

Robert Goren: Pacemakers have to be removed before cremation. Otherwise, the lithium batteries explode. **Gives off** a toxic fume and could damage the cremation chamber.

Robert Goren: 심작박동조절장치는 화장하기 전에 제거되어야 합니다. 그렇지 않으면 리튬 배터리가 폭발하죠. 그럼 독성 가스가 뿜어져 나와 화장 소각장이 훼손될 수 있어요.

<Law&Order: Criminal Intent> S2_EP01 00:14

미드 | Scene 설명

살인 피해자(해그먼)의 주변 인물 탐문 수사 중 Robert Goren이 Damon Tyler의 집에 방문하여 질문하는 장면.

go down the drain

헛수고/물거품이 되다

to be squandered or wastefully discarded

 토플엔 이렇게 나온다

우리가 지금 하고 있는 조별 과제가 물거품이 되는 일이 없기를 원합니다.

미드 | Scene 50-1

Aaron Hotchner: We're gonna charge benjamin with weapons possession. And with the intent to murder his wife.
David Rossi: This is not just a minor sex scandal. His career will be destroyed, And all your hard work grooming him will **go down the drain**.

Aaron Hotchner: 불법무기 소지로 벤자민을 기소할 거예요. 그의 부인을 살해하려는 의도도 있었어요.
David Rossi: 경미한 성 스캔들이 아닙니다. 그의 경력은 타격을 입을 거고 그를 꾸미기 위한 당신의 그 모든 수고는 물거품이 될 것입니다.

<Criminal Minds> S10_EP18 00:37

미드 | Scene 설명

Benjamin 의원의 어머니(Benjamin 의원의 지지율을 올리기 위한 며느리 납치극을 계획함)와 Aaron Hotchner와 David Rossi의 대화 장면.

 참고하세요

go down that path: 그 경로로 간다, 그 선택안으로 진행하다

guilt trip

죄책감, 죄의식에 사로잡힌 상태

to make or try to make (someone) feel guilty

토플엔 이렇게 나온다

연체된 두 달치 급여를 언제 받을 수 있을지 확답을 원하지만 그렇다고 해서 미안하게 만들려는 건 아닙니다.

미드 | Scene 51-1

Alexandra Eames: You're the one doing it to him. You're the one taking yourself out of the donor game.
Wainwright's attorney: Spare him the **guilt trip**, Detective.

Alexandra Eames: 당신이야말로 그런 짓을 하는 사람이죠. 당신이 바로 기증자 게임에서 본인 몸을 빼려고 하는 사람이잖아요.
Wainwright's attorney: 그에게 죄책감 갖게 하지 마세요(주는 죄책감 아끼세요), 형사님.

<Law&Order: Criminal Intent> S4_EP16 00:38

미드 | Scene 설명

재판장실에서 Alexandra Eames 형사와 원고 측 검사 그리고 피고(Wain-wright), 피고 측 변호사 간의 대화 장면.

참고하세요

'lay(put) a guilt trip on ~'은 '~에게 죄책감을 갖게 하다'의 의미입니다.

get into ~

~로 들어가다, 진입하다

① to enter
② to become involved in

 토플엔 이렇게 나온다

대학원에 들어갈 때 이 경력사항은 도움이 될 것 같습니다.

미드 | Scene 52-1

Jason Gideon: Then the unsubs would be **getting into** my head instead of me getting into theirs.

Jason Gideon: 미확인범들이 내 머릿속으로 들어올거야(생각을 읽다). 내가 그들 머릿속으로 들어가는 대신에.

<Criminal Minds> S1_EP17 00:22

미드 | Scene 설명

뉴욕 시에서 발생한 사건의 범인에 관한 단서를 취합해 보니 법원에서 근무하는 직원이라는 판단에 근접하여서, 그 사람을 알아보기 위해 법원으로 이동하여 법원 앞에서 법원 입구 쪽으로 걸어가면서 Jason Gideon과 Aaron Hotchner가 대화를 나누는 장면.

참고하세요

'get A into B'는 'A를 B로 진입시키다'의 의미입니다.

72

get/be동사 done with ~

~끝내다, 마치다, 완료하다

to finish

토플이 풀리는 📢 Tip

일상적으로 많이 쓰는 표현으로써 SP, WR에서도 유용하게 사용될 수 있습니다.

미드 | Scene 53-1

Omet'iklan: Why are you waiting? Kill him and **be done with** it.

Omet'iklan: 뭘 기다리는 거요? 그를 죽이고 끝을 내요.

<Star Trek: Deep Space Nine> S4_EP23 00:20

미드 | Scene 설명

짐하다 출신 반란군들을 소탕하기 위해 연방에게 도움을 요청을 한 도미니언… 그런 도미니언 전사 중 한 명이 상관(도미니언군 Ometiklan)의 지시를 어기고 Worf와 싸움을 벌이자 그 전사를 본인(도미니언군 Ometiklan)이 직접 쓰러트린 후 Worf에게 끝내라고 말하는 장면.

hammer ~ out

(금속 등을) 두드려 펴서 모양을 만들다,
(문제를) 해결하다, (곤란 따위를) 애써 타개하다

① to shape or remove with or as if with a hammer
② to form or produce (an agreement, plan, etc) after much
discussion or dispute

 토플엔 이렇게 나온다

영화에서 사용되는 컴퓨터 그래픽 관련 과목의 경우 스스로 해결(공부)해야
합니다.

미드 | Scene 54-1

Alexandra Eames: How'd you fix the race?
Bannermen's attorney: No, no, no. That comes later after
we **hammer out** a deal.

Alexandra Eames: 어떻게 경주를 미리 짜고 했죠.
Bannermen's attorney: 아니, 아니에요. 그건 협상을 해결한 후 나오는 상황
입니다.

<Law&Order: Criminal Intent> S2_EP20 00:26

미드 | Scene 설명

Alexandra Eames, Robert Goren 형사가 경찰서 취조실에서 경마장 판촉
담당자(Bannerman Aqueduct)를 심문하는 장면.

have (something) to do with ~

~와 관계가 있다

to be associated with or related to someone or something

 토플엔 이렇게 나온다

지구 기후의 변화는 지구 자전 축의 기울어진 정도와 관계가 있습니다.

미드 | Scene 55-1

Dr. Julian Bashir: It's very difficult to keep a supply of synthetic organs on hand in a battlefield situation. You never know how many livers you're gonna need — or, uh··· how many hearts.
Odo: I can imagine. But, uh, what does that **have to do with** me?

Dr. Julian Bashir: 전투 상황에서 합성 기관을 상시 보유해 공급을 유지하는 건 매우 어려워요. 얼마나 많은 간이 필요할지 알 수 없어요. 또는 심장이라든가.
Odo: 그렇다고 생각해요. 그런데 그게 나하고 무슨 상관이죠?

<Star Trek: Deep Space Nine> S7_EP21 00:05

미드 | Scene 설명

특정 신체기관으로 분화되도록 하는 연구를 진행 중인 Dr. Julian Bashir가 Odo의 a cup of goo(Odo 신체를 구성하는 찐득한 겔 형태의 물질)가 필요해서 Odo에게 빌려야 하는 이유를 설명하는 장면.

참고하세요

Something은 생략되기도 하며 'have nothing to do with ~'는 '관계가 없다'는 의미입니다.

have ~ in common

~ 공통점이 있는

sharing characteristics, interests, opinions, etc. with someone or something

토플엔 이렇게 나온다

공통점이 있는 사람들과 어울리는 것이 대학교 생활을 좀 더 수월하게 하는 데 도움이 될 것입니다.

미드 | Scene 56-1

Aaron Hotchner: Garcia, have you found any connection at all between the victims?
Penelope Garcia: They **have** as much **in common** as dinosaurs and goldfish; the cracker kind!

Aaron Hotchner: 희생자들 간에 조금이라도 어떤 연계되는 점을 알아냈어.
Penelope Garcia: 이 사람들은 공룡과 금붕어만큼의 공통점을 갖고 있어요. 크래커(가난한 백인) 부류예요!

<Criminal Minds> S9_EP19 00:13

미드 | Scene 설명

뉴욕 시 살인 피해자들 조사 요청에 대해 FBI 본부에 있는 Garcia가 전화로 조사 내용을 말해 주는 장면.

have an effect on ~

~에 영향/효과 미치다

to have influence or action on something

 토플엔 이렇게 나온다

지구상 생명체 그리고 인류의 다양한 활동이 지구의 연평균 온도에 상당한 영향을 미쳐 왔습니다.

 Scene 57-1

Counselor Deanna Troi: I heard about Data.
Commander William T. Riker: Yeah.
Counselor Deanna Troi: It's **having an** unusually traumatic **effect on** everyone.

Counselor Deanna Troi: 데이터에 대해 얘기 들었어요.
Commander William T. Riker: 예.
Counselor Deanna Troi: 모두에게 이례적으로 큰 충격적 효과를 주고 있어요.

<Star Trek: The Next Generation> S5_EP26 00:08

 Scene 설명

500년(5세기) 동안 샌프란시스코 인근 지역에서 Data 소령의 머리가 계속 발견되지 않은 채 있었다는 사실에 대해 Counselor Deanna Troi가 Commander William T. Riker에게 얘기하는 장면.

Day 58

hold back

억누르다

① to make an effort to stop yourself from doing something
② to restrain or repress

 토플엔 이렇게 나온다

어떤 동물은 두 가지 상충하는 욕구 중 하나를 억누르려는 상황에서 상황에 맞지 않는(엉뚱한) 탈억제 행동을 보이기도 합니다.

미드 | Scene 58-1

David Rossi: I can see your wheels turning! Don't **hold back**!

David Rossi: 나는 너의 바퀴가 도는(실행으로 옮기는) 것을 볼 수 있어! 억누르지 마 (계속해).

<Criminal Minds> S8_EP10 00:25

미드 | Scene 설명

살인 피해자들의 신체 훼손과 상해 얘기를 듣고 Dr. Spencer Reid가 머릿속에서 떠오르는 내용(범행 의도 추정)을 얘기하자 David Rossi가 계속하라고 독려하는 장면.

in unison

일사불란하게

to act the same way or do it together at the same time

 토플엔 이렇게 나온다

미어캣 무리들은 포식자의 접근을 발견하면 일제히 일사불란하게 움직입니다.

미드 | Scene 59-1

Jennifer Jareau: A pack?

Dr. Spencer Reid: 3 or more that kill **in unison**, as in, nature of the group dynamic, dictates the pack's survival is dependent on their ability to hunt successfully.

Jennifer Jareau: 집단(무리)요?

Dr. Spencer Reid: 마치 집단(무리)의 행동 원동력을 특징으로 일사불란하게 세 사람 또는 그 이상의 사람들이 살인을 저지르지. 집단의 생존은 사냥을 성공적으로 하는 능력에 달려 있어.

<Criminal Minds> S1_EP16 00:05

미드 | Scene 설명

뉴멕시코 주 테라메사에서 발생한 여러 명의 대학생 살인사건을 조사하기 위해 비행기로 이동하는 중 요원들이 대화하는 장면.

in full/high gear

한창 최고조로 잘 돌아가는, 원활하게 (한창) 진행 중인

working or performing very effectively or properly

토플엔 이렇게 나온다

지금 한창 학기가 진행 중인 상황입니다.

미드 | Scene 60-1

Jennifer Jareau: Hey, I have been sent to commandeer you.
Sir, party's **in high gear**.
Aaron Hotchner: There's been a double homicide and a
child abduction in Wichita.

Jennifer Jareau: 당신(팀장님)을 모시기 위해 제가 급파(파견)되었습니다. 파티가 한
창이에요.
Aaron Hotchner: 위치타에서 이중 살인과 아동 납치 사건이 일어났어.

<Criminal Minds> S11_EP17 00:06

미드 | Scene 설명

Derek Morgan 병원 퇴원 환영파티에서 사람들 없는 방 안에서 전화통화를
마친 Aaron Hotchner가 방 안에 들어온 Jennifer Jareau와 대화하는 장면.

interfere with ~

~ 상관/간섭/참견하다, 방해하다

① To tamper with something
② To serve as a hindrance or obstacle to something

 토플엔 이렇게 나온다

수업시간에 스낵 먹는 것을 허용하게 되면 수업에 집중하려는 학생들에게 방해가 될 수 있습니다.

미드 | Scene 61-1

Aaron Hotchner: Auxilary cops. You're going to have to call them.
Detective Hanover: But, why?
Aaron Hotchner: Because we're going to have a heck of a time just calming people down and we really don't need the confusion to **interfere with** our investigation.

Aaron Hotchner: 보조경찰, 당신은 그들을 불러야 할 것입니다.
Detective Hanover: 그러나, 왜죠?
Aaron Hotchner: 우리는 사람들을 진정시키는 데 아주 혼이 날 것이고 수사에 방해되는 혼란은 필요하지 않기 때문이죠.

<Criminal Minds> S1_EP13 00:19

미드 | Scene 설명

뉴저지 주 비치우드에서 발생한, 다수를 대상으로 한 마약 과다 강제 주입 사건과 관련하여 그 지역 경찰관과 Aaron Hotchner이 대화하는 장면.

Day 62

If it were not for ~

~없다면

without

 토플엔 이렇게 나온다

① 사설 화석(고고학 유물) 수집가가 없었더라면(정부에서 사설수집가의 발굴 행위를 허용하지 않았다면) 많은 화석들이 발견 안 된 채 그냥 그대로 있었겠죠.

② 스페인어가 없었다면 저는 학과목 점수 평균이 안 좋았을 거예요.

미드 | Scene 62-1

Neelix: I want to tell you about a friend of mine. (중략) But the fact of the matter is — he proved himself, right from the beginning. I wouldn't be alive right now, **if it weren't for him** and the same goes for many of you. It took me a while to realize it.

Neelix: 내 친구 한 명에 대해 얘기하고 싶어요. (중략) 상황이 어려워졌을 때 당신은 이 사람을 믿을 수 있을까요? 사실은 이래요. — 그는 처음부터 그 자신을 입증했어요. 그가 없다면 나는 지금 살아 있지 않겠죠. 그리고 그건 여러분들에게도 해당되는 얘기예요. 그것을 깨닫는 데 시간이 좀 걸렸어요.

<Star Trek: Voyager> S2_EP20 00:12

Neelix가 자신이 진행하고 있는 함선 내 1인 영상 방송에서 직위해제 후 자의 반 타의 반으로 보이저호를 떠나게 되는 Paris 중위에 대한 안 좋은 이미지를 좋게 선전하는 장면. 그는 Paris 중위가 보이저호를 떠나지 않고 계속 남게 하려고 이 일을 계획한다.

참고하세요

if it had not been for ~: ~없었더라면(=without)

특정 사람, 사물의 가치, 소중함을 부각시킬 때 쓸 수 있는 표현입니다.

If절과 주절의 모습은 다음과 같습니다.

If it were not for ~ (~이/가 없다면), 주어 + would/could/might + 동사원형 ~ .

If it had not been for ~ (~이/가 없었더라면), 주어 + would/could/might + have + p.p.(동사의 과거분사) ~ .

I wouldn't have been alive at that time, if it had not been for him(그가 없었더라면 나는 그때 살아 있지 않았겠지).

Day 63

in the wake of ~

~의 여파로

following as a consequence

 토플엔 이렇게 나온다(WR 통합형)

바이러스의 여파로 중남미 지역의 케인 두꺼비는 멸종 위기에 처했습니다.

미드 | Scene 63-1

Derek Morgan: We now know that rutledge was transferred to hawkesville from a female prison, **in the wake of** allegations that he was using his position to leverage sexual favors from inmates.

Derek Morgan: 수감자들로부터 성적 만족감을 얻기 위해 그의 지위를 이용한 혐의의 여파로 러트릿지가 여성 교도소에서 혹스빌 교도소로 자리를 옮겼다는 걸 우리는 알고 있죠.

<Criminal Minds> S4_EP02 00:18

미드 | Scene 설명

오하이오 주 로어 케이넌에서 일어난 살인범(현재 교도소 복역 중인 특정 범죄자를 모방하는 범인)에 대해 로어 케이넌에 파견된 FBI 요원들이 살인사건 관할 경찰서에서 경찰들을 대상으로 브리핑하는 장면.

It's/That's your call

그건 너의 선택이다

a decision

토플엔 이렇게 나온다

조금 더 시간과 공을 들이면 더 좋은 작품이 될 수 있겠지만 할지 안 할지는 전적으로 당신의 선택입니다.

미드 | Scene 64-1

Odo: I prefer to do this alone.

Captain Benjamin Sisko: **It's your call**. But it's, uh, always nice to have someone around.

Odo: 혼자서 이걸 하는 게 나을 것 같아요.

Captain Benjamin Sisko: 자네의 선택일세. 하지만 (도와줄 사람이 필요할 때) 누군가 있어 준다면 언제나 좋은 일이지.

<Star Trek: Deep Space Nine> S5_EP12 00:06

미드 | Scene 설명

유아 단계의 체인즐링(다른 것의 모양 흉내낼 수 있는 종족)을 입수하게 된 Odo 가 같은 종족으로서 어떻게 모습을 바꾸는지를 그 유아 단계의 체인즐링에 게 가르치는 일에 대해 Captain Benjamin Sisko와 대화 나누는 장면.

미 드 에
빠 지 면
토 플 이
풀 린 다

리 스 닝
·
스 피 킹
·
라 이 팅
편

jot ~ down

~을 급히 적다, 메모하다

to write a brief note of

토플엔 이렇게 나온다

통행증을 임시로 급히 적어 만들어 학생에게 주었습니다.

미드 | Scene 65-1

Derek Morgan: If somebody's been paying a little too much attention to them, talk to them. Get a read, then **jot** their name **down** so that we can check them out.

Derek Morgan: 누군가가 그들에게 약간 많은 관심을 가지고 있었다면 그들과 얘기하세요. 우리가 그들을 확인할 수 있도록 읽으시고 그들의 이름을 적으세요.

<Criminal Minds> S5_EP10 00:21

미드 | Scene 설명

범죄 발생 지역(테네시 주 네쉬빌)의 경찰관들을 대상으로 브리핑하는 장면.

just around the corner

임박한

① going to happen very soon
② imminent

 토플엔 이렇게 나온다

중간고사가 임박하였습니다.

미드 | Scene 66-1

Moe Szyslak: Sorry, not today, old friend. But don't worry, holidays are **just around the corner**.

Moe Szyslak: 미안, (자살에 대해서) 오늘이 아니네, 친구. 그러나 걱정 마. 휴일이 임박했어.

<The Simpsons> S24_EP19 00:20

미드 | Scene 설명

삶의 희망을 잃고 자살까지 시도한 적 있는 모(Moe)는 벤처투자자의 꼬임에 넘어가 대박을 꿈꾸며 잠시 한눈 팔았다가 그 일이 물거품이 되는 일을 겪었다. 그 후 그는 다시 예전의 모로 돌아와서 주점을 운영한다. 그러던 어느 날 문닫기 전 손님을 보내고 주점 다용도실에 자살하려고 매어놓은 밧줄을 바라보는 모. 삶이 긍정적으로 전환되는 걸 암시하는 장면이다.

knock/throw 사람 for a loop
누군가(사람)를 놀라게 하다 어이 없게 만들다, 당황케 하다

to shock, surprise, astonish, or bewilder one

토플엔 이렇게 나온다

그것은 정말로 나를 어이 없게 만듭니다.

미드 | Scene 67-1

Data: He finds out he's human after all?
Dr. Ira Graves: Always was. Just worried so much, he never realized it. A happy ending. The mechanical man gets his wish. Stories often have happy endings. It's life that **throws you for a loop**.

Data: 그(본인이 기계라고 착각)는 결국 그가 인간임을 알게 되나요?
Dr. Ira Graves: 원래 항상 인간이었죠. 너무 많이 걱정하고, 그 자신이 결코 그 사실을 깨닫지 못했어요. 행복한 결말로 끝나요. 그 기계인간은 소원을 성취한 셈이죠. 이야기는 종종 행복한 결말로 끝나죠. 인생은 당신(사람들)을 놀라게 만들기도 하죠.

<Star Trek: The Next Generation> S2_EP06 00:12

미드 | Scene 설명

과학자 그레이브스 박사의 연구내용 때문에 그레이브스 행성으로 간 Data와 그레이브스 박사가 나누는 대화 장면.

lean toward(s) ~

~로 마음이 기울다 ~에 마음이 가다

to be interested in something

 토플엔 이렇게 나온다

경제학 전공을 하는 것에 마음이 갑니다.

미드 | Scene 68-1

Robert Goren: These tickets for Don Giovanni.
Elizabeth Hichens: Yes. Not my favorite. I **lean towards** Penderecki. I hate to be a spoilsport.

Robert Goren: 이건 돈 조반니 입장권이에요.
Elizabeth Hichens: 네, 좋아하지는 않아요. 난 펜데레츠키에 마음이 가요. 흥을 깨뜨리는 사람이 되고 싶진 않지만요.

<Law&Order: Criminal Intent> S2_EP03 00:16

미드 | Scene 설명

허드슨 대학교 총장 살인사건의 용의자에 대한 주변인 탐문 조사 차원에서 이 대학 교수(Elizabeth Hichens)를 탐문하는 장면.

참고하세요

'lean on ~'는 '~에 의존하다, 기대다'의 의미입니다.

89

last minute

막판에, 마지막 순간에

the period just before a deadline, scheduled event, or other significant or concluding moment

토플엔 이렇게 나온다

과제 하는 것을 마지막 순간까지 미루지 말아야 합니다.

미드 | Scene 69-1

Alex Blake: Well, since we're on the subject of unwinding, how'd your date go?
Dr. Spencer Reid: Uh, had to cancel at **the last minute**.

Alex Blake: 긴장 푸는 주제에 대해 얘기하는 중이라 그런데, 데이트는 어떻게 되었어요?
Dr. Spencer Reid: 막판에 취소해야 했어요.

<Criminal Minds> S8_EP11 00:02

미드 | Scene 설명

Dr. Spencer Reid가 머릿속을 정리하는 데 도움이 된다며 수학문제를 푸는 모습을 Alex Blake가 보고 대화하는 장면.

참고하세요

'last-minute preparation, If you didn't do it at the last minute, ~ '와 같이 표현됩니다.

lay out

터놓고 얘기하다, 실토하다, 펼치다, 배치하다

to explain or present something clearly

 토플엔 이렇게 나온다

도시의 구역을 배치할 때 도시 설계용 그리드 시스템을 이용하였습니다.

미드 | Scene 70-1

Aaron Hotchner: Smart people. So **lay out** your entire case to me right now or every attorney I know will drop everything and come help me.
Justice dept. Official: We got a tip from a source.

Aaron Hotchner: 똑똑한 사람들이죠(변호사의 도움을 받으려는 사람들 얘기). 지금 당장 나에게 사건 전체 다 털어놔요. 안 그러면 내가 아는 모든 변호사가 모든 걸 제쳐두고 나를 도우러 올 거예요.
Justice dept. Official: 정보원으로부터 조언을 얻었어요.

<Criminal Minds> S11_EP22 00:13

미드 | Scene 설명

의심을 받게 되는 Aaron Hotchner와 그를 조사하기 위해 파견된 법무부 직원 간의 대화 장면.

91

Day 71

make a bad impression on ~

~에게 나쁜 인상을 주다, 찍히다

to have or create a strong impact on someone negatively

토플엔 이렇게 나온다

직장 상사에게 나쁜 인상을 주지 않고자 직장 상사의 의견에 동의하였습
니다.

미드 | Scene 71-1

Emily Prentis: I'm going to remember her name.
Mr. Thibodeau: What can I tell you, cher ? I guess she
did**n't make** that **good** of **an impression**(=make a good
impression).
Emily Prentis: Unlike yourself, right now.

Emily Prentis: 그녀 이름이 기억날 것입니다.
Mr. Thibodeau: 무슨 말을 하겠어요, 쉐어(아가씨)? 그 여자가 그다지 좋은 인상을
주었다고 생각지 않아요.
Emily Prentis: 지금 당신 자신과는 다르게.

<Criminal Minds> S2_EP18 00:33

미드 | Scene 설명

Emily Prentis와 Jennifer Jareau가 연쇄살인 용의자(Mr. Thibodeau)를 뉴올
리언스 지역 경찰서 취조실에서 취조하는 장면.

(be동사) more of ~

~에 더 비중이 있다, 가깝다

토플엔 이렇게 나온다

① 비버의 관심사는 어째서 야간 활동으로 생명 위협에 노출되는 상황(야행성 포식자)보다 에너지 효율적 사용(낮 활동 피해 에너지 소모를 줄이는 것)에 가까울까요?

② 그것은 타원형에 가깝습니다.

미드 | Scene 72-1

The doctor: We may be able to create a reasonable facsimile of your laboratory in our holodeck — providing, of course, you can give an accurate description.
Moset: Oh, down to the smallest detail. It's **more of** a home to me than⋯ than my home.

The doctor: 우리는 우리의 홀로덱에서 당신 연구실의 그럴듯한 모사(흉내)를 할 수 있을 것 같아요. 단, 물론, 당신이 정확한 설명을 해 주실 수 있다면 말이죠.
Moset: 아주 세부적인 내용에 이르기까지 하는 거죠. 나에겐 내 집보다 더 내 집에 가깝게요.

<Star Trek: Voyager> S5_EP08 00:15

미드 | Scene 설명

낯선 우주선에 있던 부상당한 우주 생물체를 돕기 위해 보이저호로 그 생물체를 들인 것이 화근이 되어 우주 생물체를 검사하고 대화를 나누던 중 B'Ellana Torres가 공격을 당하여 외계 생물체와 한몸이 되어 버린 피해를 당한 상황, 보이저호의 부름을 받고 보이저호로 도움을 주고자 온 우주생물학 권위자인 Moset이 말하는 장면.

make difference

차이가 있다, 효과가 있다, 차별화되다

to have an effect; matter

토플이 풀리는 📢 Tip (SP 통합형 3번 문제 유형)

학교 신문 기사, 학생이 제안하는 편지, 학교의 방침 공고문 등에 대해 두 사람이 나누는 대화에서 나올 수 있는 어구입니다. 보통 부정어를 동반하여 '학교에서 그렇게 하는 것은 별반 차이 없다'라는 식의 부정적 내용으로 말하는 경우가 많습니다.

미드 | Scene 73-1

Dean Turner: It's a terrible loss. He was one of those teachers… Um… he knew how to **make a difference**.

Dean Turner: 정말 큰 손실이에요. 그는 그런 교수들 중의 하나였어요. 그는 차이를 만드는 방법을 알았죠.

<Criminal Minds> S1_EP02 00:15

미드 | Scene 설명

애리조나 주 방화범의 화재로 인해 목숨을 잃은 교수(브래드쇼 대학교 소속)에 대해 해당 단과대학 학장이 말하는 장면.

no more than ~
nothing more than ~
~에 지나지 않다

only

토플엔 이렇게 나온다

시청각실 방 하나가 수용할 수 있는 인원은 3명에 지나지 않습니다.

미드 | **Scene 74-1**

Aaron Hotchner: Angela's been dead for **no more than** half an hour. The partner was just here.

Aaron Hotchner: 앤젤라가 죽은 지 고작 30분이에요. 공범은 방금 여기 있었어요.

<Criminal Minds> S3_EP07 00:18

미드 | **Scene 74-2**

California modesto police officer: But to tell you the truth, i'm **nothing more than** an armed scarecrow.

California modesto police officer: 그러나, 솔직히 말해서 나는 무장한 허수아비에 지나지 않아요.

<Criminal Minds> S4_EP05 00:15

미드 | **Scene 설명**

미드 Scene 74-1: 살인된 여성이 발견된 사건 현장에서의 대화 장면.
미드 Scene 74-2: 연쇄 살인 사건 조사 과정에서 만난 캘리포니아 모데스토 지역 경찰관과의 대화 장면.

Day 75

~ not as unusual as it looks
보이는 것만큼 그렇게 이례적이지 않다

토플엔 이렇게 나온다

그것은 그 용어를 읽었을 때 느껴지는 것처럼 그렇게 이례적이지 않습니다.

미드 | Scene 75-1

Dr. Spencer Reid: Why do you think he started using the belt with the second murder?
Derek Morgan: Strangulation with your bare hands is **not as easy as one would believe**.

Dr. Spencer Reid: 왜 두 번째 살인에서 벨트를 사용하기 시작했다고 생각하죠?
Derek Morgan: 맨손으로 사람을 교살하는 게(목 졸라 죽이는 게) 사람 생각만큼 쉬운 일은 아니니까.

<Criminal Minds> S1_EP01 00:07

미드 | Scene 75-2

Emily Prentis: It's not as bad as it looks.

Emily Prentis: 보이는 것만큼 나쁘지는 않아

<Criminal Minds> S4_EP03 00:30

미드 Scene 75-1: 연쇄 살인범의 여러 가지 면모에 대해 분석하며 얘기하는 중 살해 수법에 대해 얘기하는 장면.

미드 Scene 75-2: 콜로라도 라플라타 카운티 종교단체 교주의 아동 가해 사건 해결을 위해 FBI 요원 신분을 숨기고 아동상담전문가로 위장하여 잠입한 Emily Prentis와 Dr. Spencer Reid는 Emily Prentis가 콜로라도 주정부 경찰특공대와 이 종교단체 간의 총격전이 벌어진 후 FBI 요원 신분이 탄로나서 교주로부터 구타를 당하게 된다. 그 일로 인해 얼굴이 멍든 모습에 대해 Dr. Spencer Reid에게 말하는 장면.

참고하세요

not as unusual as it looks = out unusual

여기서 out의 의미는 '벗어나'입니다.

out = no longer working/possbile/suitable

Day 76

narrow it down

(범위) 줄이다, 좁히다

to reduce the number of things or a list of possibilities
from many to a selected few

토플엔 이렇게 나온다

보고서에서 다루려고 하는 내용의 범위를 줄이는 것이 좋을 것 같습니다.

미드 | Scene 76-1

Jason Gideon: We'll need to **narrow it down**.
Derek Morgan: We might just have our cult leader.

Jason Gideon: (조사 지역) 범위를 좀 줄여야 해요.
Derek Morgan: 사이비교 교주를 찾은 것 같아요

<Criminal Minds> S1_EP16 00:31

미드 | Scene 설명

뉴멕시코 테라메사에서 사이비교 집단의 위치가 대략적으로 서부지대 남
쪽 끝이라고 현지 경찰관이 말하자 Jason Gideon과 Derek Morgan이 말
하는 장면.

98

no point
pointless
소용없다, 의미 없다

ineffectual; useless

토플엔 이렇게 나온다

오랫동안 책을 봐야 하는데 다음 사람이 예약을 할 수 있으므로 책 대출하는 것은 의미가 없습니다. 복사를 하는 게 낫겠습니다.

미드 | ## Scene 77-1

Jason Gideon: There's DNA proving he's the offender. **No point** in covering his tracks now. That'll only slow him down.

Jason Gideon: 그가 범인이라는 걸 입증하는 DNA가 있어. 이젠 자기 흔적을 덮는 것은 의미(소용) 없어. 흔적을 지우는 건 그를 더디게 만들 뿐이니까.

<Criminal Minds> S1_EP20 00:13

미드 | ## Scene 설명

플로리다 걸프해변을 따라 발생한 연쇄 살인 사건을 해결하기 위해 지도상에서 범인 동선을 예측하여 범인을 쫓으려는 FBI 요원들과 FBI 플로리다 지국 요원의 대화 장면.

not ~ until –

-까지는 ~ 아니다, - 후에 ~이다

토플엔 이렇게 나온다

그 음악가는 죽기 전까지는 유명하지 않았습니다.

미드 | **Scene 78-1**

San Diego Police officer: You know anything about our guy yet?

Jason Gideon: Yeah. He is**n't** gonna stop **until** he's caught.

San Diego Police officer: 범인에 대해 지금까지 알아낸 게 있나요?

Jason Gideon: 네, 그는 잡힐 때까지 범행을 멈추지 않을 거예요(잡힌 후에 멈출 거예요).

<Criminal Minds> S1_EP04 00:10

미드 | **Scene 설명**

샌디에이고에서 발생한 연쇄 살인 사건과 관련하여 현지 경찰과 급파된 FBI 요원 Jason Gideon이 나누는 대화 장면

참고하세요

문장 내용이 '- 후에 ~ 하다'의 변환된 보기로 문장 변환(Paraphrasing)되어 나오는 경우가 있는데 이 어순(- 후에 ~ 하다)의 문장으로도 의미 파악을 할 수 있습니다.

not (in) the least ~

조금도 ~ 않다, 조금도 ~는 해당사항 없다

not at all

 토플엔 이렇게 나온다

화성에서의 액체 상태의 물이 있었다는 증거를 얻기 위해서 유인우주선을
화성에 보내야 된다는 것은 조금도 아닙니다.

미드 | Scene 79-1

Gul Dukat: You might ask, should we fear joining the
Dominion? And I answer you: **Not in the least**. We
should embrace the opportunity. The Dominion recognizes
us for what we are, the true leaders of the Alpha Quadrant.

Gul Dukat: 여러분이 물어볼지 모르겠습니다. 우리가 도미니언에 가입하는 것에
두려워해야 하는지. 저는 이렇게 답할게요. 조금도 그렇지(두려워하지) 않는다고. 우
리는 기회를 포용해야 합니다. 도미니언은 우리가 무엇(누구)인지에 대해, 알파 쿼
어드런트의 진정한 리더들이라고 인식합니다.

<Star Trek: Deep Space Nine> S5_EP15 00:08

미드 | Scene 설명

카데시아(행성연방과도 적대관계임)가 적대관계였던 도미니언에 합류하기로 합
의한 후 카데시아 정부의 새 지도자인 Gul Dukat이 카데시아인들에게 말하
는 장면.

not just A but also B
A뿐만 아니라 B까지 그렇다

Day 80

🪂 토플엔 이렇게 나온다

과거의 탐험가들과는 다르게 그 탐험가는 단지 극 지방만 탐험하지 않았습니
다(적도 지방도 탐험하였습니다).

미드 | Scene 80-1

Captain Jean-Luc Picard: I'm really anxious to meet this
remarkable young man who has swept away **not just** one,
but two of the Howard women.
Doctor Beverly Crusher: Jealousy doesn't suit you, Jean-Luc.

Captain Jean-Luc Picard: 정말 하워드가(집안) 여인 하나만 아니고(하나에만 그치
지 않고) 두 명을 쓸어 버린(마음을 송두리째 빼앗은) 이 놀랄 만한 젊은이를(로닌)를 만나
기를 열망해요.
Doctor Beverly Crusher: 질투심은 함장님에게 어울리지 않아요.

<Star Trek: The Next Generation> S7_EP14 00:34

미드 | Scene 설명

Doctor Beverly Crusher를 유혹한 Ronin에 대해 Captain Jean-Luc Picard
가 얘기하는 장면.

🌸 참고하세요

'not just A (but also B)'에서 'but also B'는 생략되기도 합니다.

not the other way around
반대 방향으로는(반대로는) 성립하지 않다, 유효하지 않다

not to happen in the opposite way

 토플엔 이렇게 나온다

인간의 언어 ⊂ (동물의 소통 포함한) 의사소통 (○)
인간의 언어 ⊃ (동물의 소통 포함한) 의사소통 (×)

미드 | ## Scene 81-1

Piano man: Normally the waitress has to pour me into a cab, **Not the other way around**.

Piano man: 보통 그 식당 여종업원이 나를 택시에 태워. 그 반대의 경우(내가 그 여종업원을 택시에 태우는 경우)는 없는데.

<Criminal Minds> S7_EP12 00:14

미드 | ## Scene 설명

텍사스 주 휴스턴 과거 범죄 피해자인 여성이 바에서 피아노곡을 연주하는 남자를 예전 자신을 범행했던 범인으로 오인하여 보복하기 위해 남자를 유인하는 장면.

Day 82

nothing but ~

그저 ~에 지나지 않다, ~일 뿐이다

only

 토플엔 이렇게 나온다

먹이 사냥을 위한 박쥐의 초음파 방사를 감지하기 위해 야행성 나방이 이용하는 감각은 청각뿐입니다.

미드 | Scene 82-1

Dr. Kila Marr: Its needs are to slaughter people by the thousands. It is **nothing but** a giant killing machine!
Captain Jean-Luc Picard: Doctor, the sperm whale on Earth devours millions of cuttlefish as it roams the oceans. It is not evil; it is feeding. The same may be true of the Entity.

Dr. Kila Marr: 그 녀석이 원하는 것은 수천 명(많은)의 사람들을 도살하는 것이에요. 거대한 살육기계일 뿐이에요.
Captain Jean-Luc Picard: 지구의 향유고래는 대양을 돌아다니면서 수백만의 오징어를 먹어 치웁니다. 그것은 악함이 아닙니다. 먹이를 먹는 겁니다. 그 개체에 대해서도 마찬가지입니다.

<Star Trek: The Next Generation> S5_EP04 00:23

미드 | Scene 설명

파견 나간 멜로나 거주지에서 엔터프라이즈 대원들과 현지인을 공격한 괴물체(결정체)에 대해, 스타플릿 지휘부에서 엔터프라이즈에 합류한 Kila Marr 박사와 Captain Jean-Luc Picard가 대화를 나누는 장면.

on hand

수중에 있는, 보유하고 있는

present; available

 토플엔 이렇게 나온다

기회주의자(신속하게 기회를 살리는 사람)가 되어라! 학생으로 학교 다닐 때와 다르게 전업작가의 경우 작가 본인과 작품 홍보를 위해 언제든지 사진 작품을 제시할 수 있도록 항시 소지하고 있어야 한다.

미드 | Scene 83-1

Jennifer Jareau: Up until now they've been highly organized, striking only on deposit days, when the most amount of cash is **on hand**.

Jennifer Jareau: 지금까지 그들은 매우 조직적이었지(조직적으로 움직였어), 가장 많은 현금을 보유하는 예금일에만 공격을 했어.

<Criminal Minds> S7_EP23 00:24

미드 | Scene 설명

워싱턴 D.C.의 은행 안에서 인질을 잡고 대치 중인 은행강도에 대해 행동분석팀이 분석하는 장면.

Day 84

on your own
스스로, 혼자, 자기 힘으로

for or by oneself

토플엔 이렇게 나온다

영화에서 사용되는 컴퓨터 그래픽 관련 과목의 경우 스스로 해결(공부)해야
합니다.

미드 | Scene 84-1

Alle Greenaway: How old was ingrid when your wife
passed away?
Mr. Griesen: 14.
Alle Greenaway: And then, you raised her **on your own**.

Alle Greenaway: 아내분이 돌아가셨을 때 잉그리드가 몇 살이었죠?
Mr. Griesen: 14살이었습니다.
Alle Greenaway: 그런 후 따님을 홀로 키우셨어요.

<Criminal Minds> S1_EP16 00:19

미드 | Scene 설명

뉴멕시코 주 테라메사에서 발생한 여러 명의 대학생 살인사건 조사 과정에
서 피해자 중 한 명인 여대생의 아버지와 대화하는 장면.

out of ~

~ 정상적으로 못한, ~이 없는, ~에서 벗어난

 토플엔 이렇게 나온다

어떤 동물은 두 가지 상충하는 욕구 중 하나를 억누르려는 상황에 맞지 않는(엉뚱한) 탈억제 행동을 보이기도 하는데 이는 장소(상황)에서 벗어난 행위입니다.

미드 | Scene 85-1

Mrs. Sheppard: You've never made a mistake?
Jason Gideon: Your son spent time in a juvenile home?
Mrs. Sheppard: He was **out of** control, even attacked his own sister once, but his father died.

Mrs. Sheppard: 당신은 실수한 적 없나요?
Jason Gideon: 아드님이 소년원에서 보낸 시간이 있었죠?
Mrs. Sheppard: 내 아들은 통제가 안 되었죠. 심지어 한번은 여동생을 공격한 적도 있었어요. 하지만 (대신) 걔 아버지가 죽었어요.

<Criminal Minds> S2_EP04 00:33

미드 | Scene 설명

범인 Dale의 어머니인 Sheppard 부인의 집에서 Jason Gideon과 Aaron Hotchner가 Sheppard 부인에게 질의하는 장면.

참고하세요

① out of practice: 연습이 부족한
② 'out of ~'가 '~로부터(=from)'의 의미로 사용되기도 합니다.

Day 86

out of nowhere
어디선가 갑자기

토플엔 이렇게 나온다

어디에서인지도 모르게 한 사나이가 나타났다.

미드 | Scene 86-1

Seargent Doss: Shot scotty in the head, then shot me.
Aaron Hotchner: Wait a minute. There was no radio call?
Seargent Doss: No. Came **out of nowhere**.

Seargent Doss: (범인이) 스카티 머리를 쐈고 그다음 저를 쐈어요.
Aaron Hotchner: 잠깐만요. (주의, 경고의) 무전 알림은 없었나요?
Seargent Doss: 아니요. (범인이) 어디선가 갑자기 나왔어요.

<Criminal Minds> S4_EP10 00:21

미드 | Scene 설명

범인과의 대치 상황에서 총에 맞고 부상한 도스 경사와 Aaron Hotchner의 대화 장면.

참고하세요

nowhere는 '알 수 없는 곳'의 의미로 이해하면 됩니다.

out of touch with ~

~의 감이 없는, ~의 감이 떨어지는

 토플엔 이렇게 나온다

사무실에서 시장조사를 하는 마케터들의 가장 흔한 문제들 중 하나는 고객이 정말로 무엇을 원하고 필요로 하는가에 대한 (현실)감각이 없다는 점입니다.

미드 | Scene 87-1

Captain Jean-Luc Picard: I know that I am an old man and **I am out of touch**, but the Worf that I remember was more concerned with honour and loyalty than rules and regulations.

Captain Jean-Luc Picard: 나는 규정을 고수해야 합니다. 내가 늙은이이고 감이 떨어졌다는 것 압니다. 그러나 내가 기억하는 워프는 규칙과 규정보다는 명예나 신의를 더 신경 쓰는 사람이었습니다.

<Star Trek: The Next Generation> S7_EP25-26 00:46

미드 | Scene 설명

다른 시간대의 Jean-Luc Picard 함장의 말이다. 현재의 엔터프라이즈의 상황과 미래의 엔터프라이즈의 상황을 반복적으로 이동하는 상황에서 이번엔 미래의 늙은 Jean-Luc Picard 함장이 나이 든 워프와 화상 대화하는 장면.

out of hand

손을 벗어난, 손 쓸 수 없는, 걷잡을 수 없는

out of control

토플엔 이렇게 나온다

도서관 서고 제자리에 놓아야 할 책이 너무 많아서 손을 쓸 수 없는 상황입
니다.

미드 | Scene 88-1

Jennifer Jareau: I make sure the press doesn't get **out of
hand** with this mess.

Jennifer Jareau: 언론이 이 난장판(상황)을 퍼트려 걷잡을 수 없는 상황이 안 되
게 할게요.

<Criminal Minds> S1_EP18 00:24

미드 | Scene 설명

자신이 좋아하는 여배우를 방해하고 인신공격하는 사람들에게 범죄를 저지
르는 광팬이 LA 경찰관을 저격하여 부상 입힌 상황에서, 사건 현장에 도착한
FBI 요원들이 수집한 단서를 통해 용의선상의 인물이 좁혀지자 이 내용이 언
론에 흘러들어가지 않도록 하겠다고 Jennifer Jareau가 말하는 장면.

put an end to ~

~을 종식시키다

to stop, cease, or conclude something

 토플엔 이렇게 나온다(WR 통합형)

유전자 변형 파파야를 심는 방법을 통해 링스팟 바이러스 문제를 종식시킬 수 있을 겁니다.

미드 | Scene 89-1

Jason Gideon: Imagine what he could have become. Jacob **put an end to** any chance of that.

Jason Gideon: 그가 무엇이 되었을 수도 있었는지 생각해 보세요. 제이콥(범인)이 그렇게 될 수 있는 어떤 가능성도 종식시켰어요.

<Criminal Minds> S1_EP14 00:19

미드 | Scene 설명

Sara의 아들이 살아 있었다면 17살로 성장했을 텐데 죽임을 당해 그런 모습을 못 보는 거라고 Jason Gideon이 Sara에게 말하는 장면.

Day 90

pass on

전하다, 전해 주다

to give, transmit, transfer, or deliver something

토플엔 이렇게 나온다

생명체는 생물학적 특징을 유전자를 통해서 다음 세대에 전달합니다.

미드 | Scene 90-1

Tasha Yar: What we have always done. Continue to teach.
Pass on the ideals to a new generation.

Tasha Yar: 우리가 항상 해 왔던 것. 계속해서 교육을 하세요. 새로운 세대에게 그
이상을 전해 주는 일이요.

<Star Trek: The Next Generation> S5_EP08 00:40

미드 | Scene 설명

로뮬런(행성연방과 대립관계) 침략군의 침략을 무산시킨 후 벌컨인 Tasha Yar가
파견 나간 장소에서 엔터프라이즈로 복귀하려는 Captain Jean-Luc Picard
와 Data에게 말하는 장면.

put a damper on ~

~에 찬물을 끼얹다, 의욕을 꺾다

to discourage, inhibit, or deter something

 토플엔 이렇게 나온다

금리를 올리는 것은 소비를 독려하려는 정부의 정책에 찬물을 끼얹는 것입니다.

미드 | Scene 91-1

Robert Goren: I guess Jessica's death is working out for you.
Alexandra Eames: Of course, being a murder suspect might **put a damper on** that.
Lieutenant Colonel Luke: I didn't kill Jessica!

Robert Goren: 제시카의 죽음은 당신에게 이로울 거라 생각해요.
Alexandra Eames: 물론, 살인 혐의자가 되는 것(루크를 가리키며)은 그것에 찬물을 끼얹었겠지요.
Lieutenant Colonel Luke: 나는 제시카를 죽이지 않았어요!

<Law&Order: Criminal Intent> S6_EP19 00:23

미드 | Scene 설명

살인 피해자 Jessica의 살해 용의자로 여겨지는 Luke 소령과 Robert Goren, Alexandra Eames의 대화 장면.

113

put on

입다/착용하다, (화장품을 얼굴에) 바르다,
~을 상연하다, (감정 따위를) 만들다

① to clothe or cover something
② to cause to be performed, produce
③ to apply, activate
④ to make believe to have a certain feeling

 토플엔 이렇게 나온다

① 훼손을 막기 위해서 고서적을 열람 시 장갑을 착용해야 합니다.
② 무용수가 중요한 순간에 최고의 연기를 펼칩니다.

미드 | Scene 92-1

Aaron Hotchner: He staged all this. No reason to **put on** a show without an audience.

Aaron Hotchner: 그가 이 모든 걸 꾸몄잖아. 관객 없이 쇼를 상연할 이유는 없지.

<Criminal Minds> S5_EP20 00:06

미드 | Scene 92-1

Walter Kohn: **Put on** these cuffs. Do it. Now!

Walter Kohn: 이 수갑 차. 빨리 해! 당장!

<Criminal Minds> S1_EP15 00:33

미드 Scene 92-1: 플로리다 우들랜드 남부 지역 살해범이 납치한 여성을 살려 놓고 있다는 암시를 주는 거라고 Aaron Hotchner이 말하는 장면.

미드 Scene 92-2: 필라델피아에서 범행을 저지르는 범인이 범행 대상 여성한테 말하는 장면.

Day 93

put off

연기하다, 늦추다, 낙담시키다(사람의 경우)

delay = procrastinate

토플엔 이렇게 나온다

인터넷 강의는 학교 강의실에서 현장 수업을 받는 게 아니기 때문에 과제하
는 걸 늦추고 느슨해질 수 있다.

미드 | Scene 93-1

B'Ellana Torres: I just don't see any point in wasting time
— unless, of course, you want to stall, to **put off** demon-
strating your climbing expertise.

B'Ellana Torres: 그렇게 시간 낭비할 리가 없어요 등반 기술 발휘하는 걸 늦추고
싶으시다면(늦게 보여 주고 싶어서 그러는 거라면) 모를까.

<Star Trek: Voyager> S3_EP16 00:11

미드 | Scene 설명

무인 항성계에 매장된 광물(갤러사이트)을 채굴하기 위해 탐사 인원(등반 숙련
자들 차출)으로 파견된 B'Ellana Torres, Tom Paris, Neelix가 도착했는데 다
른 이들이 본래의 임무 수행과 상관없이 붕괴된 건조물을 관찰하자 B'Ellana
Torres가 이동하자고 재촉하는 장면.

put together ~

~을 합치다, ~을 종합하여 판단하다

① to assemble
② to collect facts or ideas to make judgement

 토플엔 이렇게 나온다

이상기후 변화를 일으키는 원인을 아는 데 도움이 되는 것 중 하나는 지난 30년간의 기후 데이터를 종합하여 판단하는 것입니다.

미드 | Scene 94-1

Emily Prentiss: We've **put together** a list of incident reports prior to 2006. You're gonna want to follow up on these. Uh, they are inappropriate postmortem conduct, cadaver theft, and graveyard disturbances.

Emily Prentiss: 2006년 이전의 사건 보고서를 모았습니다. 이 것들을 보셔야 할 것입니다. 부적절한 사후 행위, 시체 절도, 무덤 파헤친 사건들입니다.

<Criminal Minds> S4_EP14 00:15

미드 | Scene 설명

워싱턴 주 올림피아 지역 살인사건과 살인범에 대해 프로파일링한 내용을 현지 경찰에게 브리핑하는 장면.

qualify as/for ~

~에 자격이 되다, 해당되다, 해당자가 되다

to earn or fulfill the requirements to be or do something

 토플엔 이렇게 나온다

방송 동아리에 가입할 자격이 되었습니다.

미드 | **Scene 95-1**

Robert Goren: He told you that··· that he wanted to help Ben **qualify for** a scholarship, with a little sweat and a few encouraging words··· He left out the part about pumping up Ben's stats, didn't he?

Robert Goren: 그(Kori, 고교농구선수)는 약간의 노력과 약간의 용기를 주는 말로 장학금 받는 자격이 되도록 도와주길 원한다고 당신(Ben)에게 말했죠. 그는 벤의 통계를 부풀리는 거에 대한 그 부분을 생략(묵과)했어요. 아니었던가요?

<Law&Order: Criminal Intent> S3_EP11 00:38

미드 | **Scene 설명**

기록 조작의 진실을 파헤치려고 하는 사람을 살해한 살해 용의자 벤 농구부 감독이 Robert Goren과 대화하는 장면.

refer to

(직결)떠올리다, ~로 가리키다, ~로 돌리다

to indicate, signify, or point to someone or something

 토플엔 이렇게 나온다

채색된 유리창 하면 스테인드 글라스를 떠올리게 됩니다.

미드 | Scene 96-1

Supervising officer(Major Hillard): Request for the files is denied. If I were you, I'd drop this matter. Otherwise, I'll have to **refer to** Starfleet Security.

Supervising officer(Major Hillard): 파일에 대한 요청은 거절이네. 내가 자네라면 이 사안을 포기하겠네. 그렇지 않으면 스타플릿 보안국으로 향하겠네(알리겠네).

<Star Trek: Deep Space Nine> S7_EP21 00:25

미드 | Scene 설명

부상당한 Odo를 구하고자 Doctor Julian Bashir가 Hillard 소령과 대화하는 장면.

Day 97

resistant to ~

~에 저항력/저항성이 있는

① showing resistance
② to oppose something and want to prevent it

토플엔 이렇게 나온다

해충에 저항성이 있는 농작물 덕분에 수확량이 늘었습니다.

미드 | Scene 97-1

Emily Prentis's narration: in the suburbs,though, it's inti-
mate and psychological, **resistant to** generalization, a
mystery of the individual soul….

Emily Prentis's narration: 그러나 교외(의 범죄)는 사적이고 심리학적이며 일반화에
저항성이 있고 개개인 정신의 미스터리를 뜻한다.

<Criminal Minds> S3_EP04 00:05

미드 | Scene 설명

Emily Prentis의 내레이션으로 Barbara Ehrenreich의 말을 인용하는 장면.

 참고하세요

WR 통합형의 주제인 '미래 식량 부족 사태의 해결책' 중 '식량(농작물) 대량 생
산, 유전자 변형 농작물 생산' 또는 '멸종 위기에 처한 동식물 보호' 지문에서
나올 수 있는 어구입니다.

revolve around

~을 중심으로 하다, 중요시하다, 중심으로 돌아간다

to have someone or something as the main feature or focus

 토플엔 이렇게 나온다

고대 이집트 사람들의 삶은 강 수위의 오름과 내림에 따라서 이뤄지게(돌아가게) 됩니다.

미드 | Scene 98-1

Dr. Spencer Reid: They're in their 20s, and they're petite.
Toy store owner: Most doll lines **revolve around** infants. Is she dressing them like babies?

Dr. Spencer Reid: 그들(피해자들)은 20대이고 왜소한 체구예요.
Toy store owner: 대부분 인형들의 판매 라인은 유아를 중심으로 돌아가죠. 그녀가 아기처럼 그들을 입혔던가요?

<Criminal Minds> S5_EP12 00:25

미드 | Scene 설명

Dr. Spencer Reid과 Derek Morgan이 범인(어렸을 때 가지고 놀았던 인형을 사람을 이용하여 다시 재현하려고 세 여성을 죽임)에 대한 단서를 얻기 위해 방문한 애틀랜틱 시의 인형가게 주인과 대화하는 장면.

참고하세요

동의어는 center on/hinge on이 있습니다.

121

risk ~ing(동명사)

~ 위험을 무릅쓰다, 행위/동작의 위험 가능성을 높이다

토플이 풀리는 Tip

과학/사회 현상 또는 행위의 과정 중에서 일부 과정의 내용을 설명할 때 쓰일
수 있는 단어입니다.

토플엔 이렇게 나온다

개구리 수컷이 울음소리를 크게 하는 것은 포식자로부터의 노출 위험성이 커
질 수 있습니다(risk being exposed to predators).

미드 | Scene 99-1

Aaron Hotchner: The killer took the time and **risked** her
escaping to track her down and strangle her with his bare
hands.

Aaron Hotchner: 살인범은 시간을 들였고 그녀가 탈출하는 위험을 무릅쓰면서 그
녀를 쫓아가서 맨손으로 그녀의 목을 졸랐어요.

<Criminal Minds> S2_EP16 00:11

미드 | Scene 설명

뉴욕 시 웨스트 체스터 카운티 살해 현장에서 살해범의 범행 장면을 떠올려
추측해 보는 장면.

참고하세요

take a risk: 위험을 떠안다, 감수하다

Day 100

remain to be동사원형 p.p.(동사의 과거분사)

~하지 않고 남아 있다

It is not yet done

 토플엔 이렇게 나온다

그 개념/학설은 논의되지 않고 남아 있습니다. 해결되지 않은 채로 남아 있습니다(미해결 상태입니다).

미드 | ## Scene 100-1

Chakotay: Good morning.
Seven of Nine: That **remains to be seen**.

Chakotay: 좋은 아침.
Seven of Nine: 그건 두고 봐야 알겠지.

<Star Trek: Voyager> S5_EP02 00:08

미드 | ## Scene 설명

성운 주위로 셔틀(소형 왕복선)을 타고 접근하였다가 성운의 이상현상으로 인한 위험상황을 피해 순간이동으로 급히 몸만 빠져나온 보이저호 승무원들 중 seven of nine이 본인 외 다른 보그의 존재를 감지한 후 브리지(함교, 함선 조정실)로 이동하여 Chakotay와 대화하는 장면.

참고하세요

remain to be discussed, remain to be seen, etc 이 형태의 표현들은 not, never 같은 부정어가 보이지는 않지만 아직 안 된 상태(부정)의 의미를 갖습니다.

roll in

진행하다, 많이 오다

to have something coming in vast amounts

 토플엔 이렇게 나온다

인기 있는 과목의 수업시간이 되자 많은 학생들이 강당에 모여들고 있습니다.

미드 | Scene 101-1

a local resident: A wise man would avoid the Badlands today. Storm's **rolling in**.
Chad Dumont: Right.

a local resident: 현자는 오늘 배드랜드(South Dakota 주 남서부와 Nebraska 주 북서부의 황무지) 피할 거야. 폭풍이 몰려오고 있거든.
Chad Dumont: 맞아요.

<Criminal Minds> S8_EP20 00:11

미드 | Scene 설명

래피드 시티에 방문한 사건 피해자(Chad Dumont)가 감금되기 전 식당에서 현지인과 대화하는 장면.

참고하세요

'~ roll around'는 '~가 (항상 그렇듯 시간이 흘러) 다시 돌아오다(진행하다)'의 의미입니다.
i.e. Spring will soon be rolling around again because the winter is almost over

124

serve purpose
serve need

목적에 소용되다(구실하다)/필요(욕구)를 만족시키다

**to fit or satisfy the necessary requirements; to be use-
ful for or fit to achieve some aim, goal, or purpose**

 토플엔 이렇게 나온다

아연은 소량이지만 생명체에서 중요한 생물학적, 영양학적 목적에 소용이 됩니다.

미드 | Scene 102-1

Derek Morgan: He reads the people around him. He finds a way in. And then he brainwashes them to **serve his needs**.

Derek Morgan: 그는 주위 사람들 생각을 읽고 그 안에 들어가는 길을 찾아요. 그리고 자기 욕구를 만족시키도록 그들을 세뇌하는 겁니다.

<Criminal Minds> S1_EP16 00:34

미드 | Scene 102-2

Aaron Hotchner: Well, maybe the gas **serves another purpose**.
Penelope Garcia: Such as?
Aaron Hotchner: Well, look how evenly they're spaced out.

Aaron Hotchner: 아마도 게스가 다른 목적에 소용이 될 거야.
Penelope Garcia: 가령?
Aaron Hotchner: 얼마나 고르게 피해자들의 간격을 두는지를 봐.

<Criminal Minds> S4_EP08 00:20

미드 | Scene 설명

미드 Scene 102-1: 뉴멕시코 주 테라메사에서 발생한 여러 대학생 살인사건의 범인(캘리)의 특징에 대해 얘기하는 장면.

미드 Scene 102-2: 독가스 살포로 가스가 가득 차 있는 트레일러 콘테이너 안에서 피해자들이 마스크를 쓰고 버티고 있는 동영상을 보면서 나누는 대화 장면.

참고하세요

serve as a physical feature: 신체적 특징으로서 역할하다, 소용이 되다

settle (down) in
settle for
정착/안착하다, ~로 안주하다

to begin living a stable and orderly life/to accept in spite of incomplete satisfaction

토플엔 이렇게 나온다

A+ 학점을 받을 수 있는데 A 학점에 안주하고 싶어요?

미드 | ## Scene 103-1

Aaron Hotchner: You found her.
Penelope Garcia: Yeh. Still in the sunshine state. **Settled down in** bradenton.

Aaron Hotchner: 그녀를 찾아냈군.
Penelope Garcia: 예. 지금도 선사인 주(플로리다)에 있어요. 브레이든튼에 정착했어요.

<Criminal Minds> S1_EP20 00:15

미드 | ## Scene 103-2

Doctor: I'm going to do something about those cheek-bones.
Administrator(Hospital staff): Aren't I beautiful enough for you?
Doctor: Well, why **settle for** beautiful when you can have

perfect?

Doctor: 광대뼈에 뭔가 해 줄게.

Administrator(Hospital staff): 제가 당신에게 충분히 아름답지 않나요?

Doctor: 글쎄, 완벽할 수 있는데 왜 그 정도 아름다움에 안주하지?

<Law&Order: Criminal Intent> S1_EP09 00:15

미드 | Scene 설명

미드 Scene 103-1: 살인범에 대한 단서를 파악하고자 살인범 전처의 거주지를 알아내려는 Aaron Hotchner와 정보조사원 Penelope Garcia의 전화 통화 장면.

미드 Scene 103-2: 아내가 실종된 성형외과 의사와 그의 병원에서 일하는 여자 직원의 대화 장면.

참고하세요

settle은 '~을 해결하다'의 의미로도 많이 쓰입니다.

stay on top of ~

~을 훤히 알고 있다, ~ 머리 꼭대기에 있다

to keep well-informed about someone or something

 토플엔 이렇게 나온다

따라가기 어려운 과목이지만 이 과목에 대해 훤히 잘 알 수 있도록 준비를 많이 해야 합니다.

미드 | Scene 104-1

Aaron Hotchner: It doesn't do us any good to talk about him now. I just wanna make sure that if it's not him, we **stay on top of** thing before it takes on a life of its own.

Aaron Hotchner: 지금 그 애(네이션 해리스, 의혹을 받는 남자 청소년)에 관해 이야기하는 건 우리에게 이롭지 않아. 난 그 얘가 범인이 아닐 경우 진짜 상황이 스스로 생명력을 얻게 되기 전 반드시 상황을 훤히 알고 있기를 원해.

<Criminal Minds> S2_EP11 00:16

미드 | Scene 설명

워싱턴 D.C.의 연쇄살인범을 파악하기 위해 FBI 요원들이 사무실에서 의논하는 과정에서 의혹을 받으면서 또한 중요한 참고인으로 여겨지는 남자 고등학생 Nathan Harris에 대한 대화 장면.

129

Day 105

steer A to ~

A를 ~로 이끌다, 안내하다

to lead or guide them in that direction

토플엔 이렇게 나온다

그 사람들이 당신을 수준에 맞는 영어회화 반으로 안내할 거예요.

미드 | Scene 105-1

Derek Morgan: Or maybe it's an arrow pointing south? Could he be **steering** us **to** his next victim?

Derek Morgan: 아마도 남쪽을 가리키는 화살인가요? 그가 그의 다음 희생자로 우리를 안내할 수 있을까요?

<Criminal Minds> S7_EP21 00:30

미드 | Scene 설명

범인이 살인을 저지른 지역 위치들(오클라호마 이너드)이 의도적으로 계획된 것으로 그 위치를 연결해 보면 뭐가 암시되는데 그것을 파악하여 다음 범행 장소를 예상해 보기 위해 보드 위 도시의 지도에 펜으로 표시하며 의논하는 장면.

stick with/to ~

~을 고수하다

to continue or persist in doing, believing, or using something

토플엔 이렇게 나온다

학교 신문은 국제 뉴스 말고 교내 소식이나 행사에 관한 뉴스를 고수해야 합니다.

미드 | Scene 106-1

Tim: I figured I'd be a better person, better actor, if I just **stuck with** my process.
Alexandra Eames: But your wife wanted you home.

Tim: 내가 단지 내 과정(수양하는 시간)과 떨어지지 않는다면(지속적으로 한다면) 더 나은 사람, 더 나은 연기자 될 거라고 알게 되었어요.
Alexandra Eames: 그러나 당신 부인은 당신이 집으로 오기를 원했어요.

<Law&Order: Criminal Intent> S5_EP17 00:27

미드 | Scene 설명

경찰서 취조실에서 Robert Goren 형사와 Alexandra Eames 형사가 용의자 (Tim)를 심문하는 장면.

참고하세요

'get stuck with ~'는 '~와 떨어질 수 없게 되다, 사로잡히다'의 의미입니다.

··· several hours/days before 주어 서술어

··· 시간/일이 지나야/지난 후에 (주어 서술어) 된다/한다

 토플엔 이렇게 나온다

정전이라 컴퓨터를 켤 수가 없는데 몇 시간 지나야 전기가 들어온다고 합니다.

미드 | Scene 107-1

Jason Gideon: This is their hunting season.
Derek Morgan: Then they can't waste any time. Only **2 days before it gets crowded** around here.

Jason Gideon: 지금이 사람들의 사냥 철이지.
Derek Morgan: 그들은 어떤 시간도 낭비할 수 없어요. 이틀 후에 여기는 사람들로 혼잡하게 됩니다.

<Criminal Minds> S2_EP21 00:19

미드 | Scene 설명

범인들이 Akex Harrison(피해자 중 한 명)을 죽인 지 3일밖에 안 됐는데 서둘러서 다음 범행 대상을 물색하는 이유에 대해 아이다호 디어파크 보이즈 국립공원에서 지금이 사냥철이라 이틀 후에 동물사냥하는 사람들이 몰려들고 눈에 띌 수 있으니 서둘러서 범행대상을 또 찾게 되는 것이라고 말하는 장면.

참고하세요

위 패턴의 문장은 '~ 전 몇 시간/일이다' 대신 '··· 지난 후에 ~ 된다/한다'로 의미를 파악할 수 있습니다.

scatter

뿔뿔이 흩어버리다, (빛·입자 등을) 산란/확산/산재시키다

to cause to separate and go in different directions

토플엔 이렇게 나온다

산호초는 바다에 흩어져 있습니다. 지구 표면에 임의로 흩어져 있습니다. 빛
이 산란됩니다(흩어집니다).

미드 | Scene 108-1

Sheridan(FBI Agent): The bodies were **scattered** all over.

Sheridan(FBI Agent): 시체가 사방에 흩어져 있었어요.

<Criminal Minds> S2_EP09 00:21

미드 | Scene 설명

미주리 주 세인트 루이스(마크트웨인 국유림) 살인사건에 대해 지도를 보면서 범
인(할로우맨)의 행동 반경을 분석, 대화하는 장면.

size up

상황, 인물 등을 (한눈으로) 판단하다, 의견을 정하다. (인물 따위를) 간보다

to make an assessment of (a person, problem, etc)

 토플엔 이렇게 나온다

암컷 새는 수컷 새의 생김새, 수컷의 구애를 위한 행위를 보며 선택할 만한지 판단하게 됩니다.

미드 | Scene 109-1

Capt. Benjamin Maxwell: O'Brien has the ability to **size up** a situation instantly, and come up with options to fit all contingencies. Remarkable!

Capt. Benjamin Maxwell: 오브라이언은 즉시 상황을 한눈으로 판단하고 모든 긴급사태에 맞는 대안을 생각해내는 능력이 있어. 훌륭하지(주목할 만하지)!

<Star Trek: The Next Generation> S4_EP12 00:28

미드 | Scene 설명

연방 소속 피닉스호의 벤자민 맥스웰이 엔터프라이즈호에 합류(승선)한 후 O'Brien을 보자 말하는 장면.

spell it out

명확히/상세하게 설명하다

to explain it in detail or in a very clear way

 토플엔 이렇게 나온다

지난 시간에 충분히 설명했으니 그 내용에 대해서는 자세히 설명할 필요는 없겠지요?

미드 | Scene 110-1

Lwaxana Troi: All right, in case I have to **spell it out** for you, I am talking about finding a husband, having a child. That's what made me happy. At least, until now.

Lwaxana Troi: 혹시 내가 더 충분히 설명해야 할 경우라면, 나는 남편 찾는 거(결혼) 얘기하는 거야. 아이를 갖고. 그게 바로 나를 행복하게 만들었던 거야. 적어도 지금 까지는 말이지.

<Star Trek: The Next Generation> S3_EP24 00:08

미드 | Scene 설명

Lwaxana Troi와 그녀의 어머니가 대화하는 장면.

stand a chance

승산이 있다

to have a possibility of succeeding; to possibly be able to do something

토플엔 이렇게 나온다

거리 조명에서 오는 광파의 영향이 크기 때문에 우주 공간에서 상대적으로 가까운 우리가 속한 우리은하 근처의 별들에서 오는 빛조차 승산이 없게 됩니다(빛의 존재를 인지하기 어렵습니다).

미드 | Scene 111-1

The Doctor: Personally, I can't blame her. You're being extremely insensitive.
Neelix: I am?
The Doctor: You know perfectly well Seven is in a weakened state. She wouldn't **stand a chance** against you.

The Doctor: 개인적으로 세븐을 비난할 수 없겠어요. 당신은 너무 둔감하네요.
Neelix: 내가요?
The Doctor: 세븐이 약해진 상태란 걸 매우 잘 알고 있잖아요. 그녀는 당신에게 대적(반대)하는 거 승산이 없어요.

<Star Trek: Voyager> S7_EP02 00:19

미드 | Scene 설명

피질접합부 발생 결함으로 생체 기능이 떨어진 보그 Seven of nine에 대해 The Doctor와 Neelix가 대화 나누는 장면.

stand to reason

이치/사리에 맞다

to have the logical conclusion

 토플엔 이렇게 나온다

업계의 (유사) 제품 기능이 평준화되어 있는 상황에서 제품 디자인에 신경을 써야 한다는 것은 이치에 맞습니다.

미드 | Scene 112-1

Neelix: Well, actually, I didn't get around to make a lunch special. But we have some lovely gabarosti stew left over from last night.
Lieutenant Tuvok: Very well. It will do.
Neelix: I've··· had quite a run on it, as a matter of fact. It seems very popular.
Lieutenant Tuvok: If it is all you are serving, that would **stand to reason**.

Neelix: 사실 런치 스페셜을 만들 여유가 없었어요. 하지만 어제저녁에 남은 훌륭한 가바로스티 스튜가 있어요.
Lieutenant Tuvok: 좋아요. 그거면 충분해요.
Neelix: (사람들이) 매우 열렬히 요구하더라고요. 인기가 좋아요.
Lieutenant Tuvok: 당신이 대접하는 음식이 전부 이것뿐이라면 일리 있는 말이네요.

<Star Trek: Voyager> S2_EP04 00:25

미드 | Scene 설명

보이저호의 요리사 Neelix와 점심메뉴를 묻는 Lieutenant Tuvok의 대화 장면.

stem from ~

~로부터 유래하다, 비롯하다

to result from something

토플엔 이렇게 나온다

현재의 어려움은 우리가 그 문제에 초기 대응을 못 했다는 점에서 비롯합니다.

미드 | ## Scene 113-1

Dr. Spencer Reid: Considering that cutting their hair and killing during the early morning both **stem from** feeling powerless, there's a chance his pathology's more than sexual.

Dr. Spencer Reid: 머리카락을 자르거나 이른 아침 동안 살인을 하는 것 둘 다 무력함을 느끼는 것에서 비롯한단 걸 고려하면 성적인 것보다 정신병일 가능성이 있어요.

<Criminal Minds> S2_EP11 00:16

미드 | ## Scene 설명

범인의 범행수법을 근거로 범인의 정신을 분석하는 장면에서 Dr. Spencer Reid가 말하는 장면.

참고하세요

동의어는 'result from ~'이 있습니다.

138

strive for ~

~을 얻으려고 애쓰다

to try to obtain or bring about something

 토플엔 이렇게 나온다

현대 사회의 많은 사람들이 물질적인 진보를 얻으려고 애씁니다.

미드 | Scene 114-1

Robert Goren: No matter how hard you **strive for** chaos, it always comes out like this.

Robert Goren: 혼란(혼돈) 상태에 빠뜨리려고 당신이 얼마나 애쓰든 간에 항상 이렇게 나오죠.

<Law&Order: Criminal Intent> S2_EP14 00:39

미드 | Scene 설명

Robert Goren 형사, Alexandra Eames 형사가 살인 용의자 Wally의 집에 방문하여 그에게 질의하는 장면.

참고하세요

'strive to-동사원형'은 '~하려고 애쓰다'의 형태로도 쓰입니다.

subscribe to ~

~에 찬동/동의하다, 신봉하다/믿다

to very strongly support, approve of, or agree with an opinion or policy

토플엔 이렇게 나온다

개인적으로 믿고 있는 가설은 습지의 소실이 그 지역에 급격한 기후 변화를 가져온 원인이라는 것입니다.

미드 | Scene 115-1

Preacher Mills: I imagined a place where everyone could come to hear the truth without being judged, and I — I didn't care whether you **subscribed to** the old testament or the new testament. All that I required was that there was love in your heart.

Preacher Mills: 저는 모든 이들이 와서 비판받지 않고 진실을 들을 수 있는 장소를 생각했습니다. 그리고 그들이 구약성서를 신봉하든 신약성서를 신봉하든 신경 쓰지 않았죠. 내가 필요로 했던 건 당신 마음속에 사랑이 있었다는 것뿐이었습니다.

<Criminal Minds> S9_EP23 00:15

미드 | Scene 설명

Preacher Mills가 범인 관련하여 정보를 제공하겠다며 경찰서를 찾아와 Aaron Hotchner, Jennifer Jareau와 대화하는 장면.

suffice to say ~

(지금은) ~이라고만 말해 두자, ~이라고 말하면 충분하다

in short; in summary; it is enough to say

 토플엔 이렇게 나온다

학교생활 적응의 다른 예를 여러 가지 들 수 있지만 학업성취가 만족스럽다고만 말해 두자.

미드 | Scene 116-1

Tuvok: "We do not stand alone. We are in the arms of family: father, mother, sister, brother. Father's father, father's mother. Father's brother, mother's brother, Fa…" — **Suffice to say**, the list is extensive.

Tuvok: 우린 혼자 힘으로 존재하지 않아요. 가족의 품에 안겨 있습니다. 아버지, 어머니, 누나, 형. 아버지의 아버지, 아버지의 어머니, 아버지의 형, 어머니의 형, 아… 지금은 이 정도로만 하죠. 목록이 광범위하죠.

<Star Trek: Voyager> S4_EP12 00:22

미드 | Scene 설명

탈렉스인의 가족모임인 프릭슨 잔치와 Neelix의 환생 축하잔치 겸해서 Tuvok이 인사말을 하는 장면.

take ~ for granted
~이 당연하다고 생각하다

to expect someone or something to be always available to serve in some way without thanks or recognition

토플엔 이렇게 나온다

전통 사상의 영속성이 가능한 이유는 우리가 그 사상을 당연하다고 생각해 왔기 때문입니다(~ have taken the idea for granted).

미드 | Scene 117-1

Jordan: I've sat at jj's desk and I've looked at some of the worst things I've ever seen just trying to do half her job. I hope you don't **take** her **for granted**.

Jordan: JJ의 책상에 앉았어요. 그리고 그녀(JJ)가 했던 일 절반이라도 해 보려다가 내가 지금껏 보아온 최악의 것 몇 가지를 보았어요. 그녀(JJ)를 당연하게 받아들이지 않으면 좋겠어요.

<Criminal Minds> S4_EP13 00:41

미드 | Scene 설명

JJ(Jennifer Jareau)의 고충을 알게 된 Jordan이 Aaron Hotchner에게 말하는 장면.

take it on oneself to-v

v 행위를 떠안게 하다, 결단을 내리고 v 행위를 하다

to decide to do something even though it was not one's responsibility

 토플엔 이렇게 나온다

손목이 삔 상태에서 회복이 안 되었는데 결단을 내리고 현악 사중주단에서 바이올린 연주 행위를 하였습니다.

미드 | Scene 118-1

Doctor Julian Bashir: It's quite another for us to **take it on ourselves to trigger** an invasion that's going to get a lot of people killed.

Doctor Julian Bashir: 침략을 촉발시켜서 많은 사람을 죽게 하는 걸 우리가 떠안는 것은 꽤 다른 문제야.

<Star Trek: Deep Space Nine> S6_EP09 00:34

미드 | Scene 설명

연방과 도미니언과의 전쟁에 대하여 Doctor Julian Bashir가 말하는 장면.

tie in with ~

~와 일치시키다, ~와 엮이다, ~와 연결시키다

① (for a piece of information) to complement other information
② to have a close or effective relation with something

 토플엔 이렇게 나온다

지난 시간에 수업한 내용과 일치하는 역설에 대해서 수업을 하겠습니다.

미드 | Scene 119-1

Dr. Spencer Reid: This is the moment he selected all his victims.
Aaron Hotchner: It **ties in with** his idea of fate, that these 4 were in the wrong place at the wrong time.

Dr. Spencer Reid: 바로 이 순간이 그가 모든 희생자들을 정했던 순간이에요.
Aaron Hotchner: 운명에 대한 그의 생각과 일치하고 이 네 명은 잘못된 시간에 잘못된 장소에 있었던 거죠.

<Criminal Minds> S9_EP22 00:23

미드 | Scene 설명

범인이 범행 타깃을 물색했던 커피숍에서 커피숍 주인으로부터 얻은 커피숍 내부 피해자가 포함된 손님들의 CCTV 영상을 보면서 의논하는 장면.

참고하세요

'tie in A with B'는 'A와 B를 일치시키다'의 의미입니다.

tall order

무리한/터무니없는 요구/주문

a particularly difficult task to complete or accomplish

 토플엔 이렇게 나온다

따라가기 어려운 과목이라 무리한 주문인 건 알지만 이 과목에 대해 훤히 잘
알 수 있도록 준비를 많이 해야 합니다.

미드 │ Scene 120-1

James Dickens: But cops killing a whole family?
Robert Goren: Planting a summons on our system is a **tall
order** for a civilian.
James Dickens: Cops it is.

James Dickens: 하지만 경찰이 가족 전체를 죽이다니.
Robert Goren: 우리 시스템에 소환장을 심어 놓는 건 민간인(시민)에게는 무리한
주문이죠.
James Dickens: 경찰일 수밖에 없군.

<Law&Order: Criminal Intent> S1_EP20 00:13

미드 │ Scene 설명

Ron Sherwood 가족의 피살 사건과 관련하여 범인을 추정해 보는 대화를 나
누는 장면.

tear ~ into pieces

~ 산산조각 내다, 심하게 공격하다, 비난/혹평하다

① to criticize, upbraid, or condemn someone or something severely or thoroughly
② to rip or shred someone or something into bits

토플엔 이렇게 나온다

그 연극이 처음 상연되었을 때 비평가들은 비난을 하였습니다.

미드 | Scene 121-1

Alexandra Eames: She was standing next to him when your friend's bullet **tore into** him.

Alexandra Eames: 당신 친구의 총알이 그의 몸 속을 찢고 들어갔을 때 그 여자아이는 그(아빠) 옆에 서 있었어요.

<Law&Order: Criminal Intent> S1_EP11 00:21

미드 | Scene 설명

범인 Dennis의 친구를 탐문하면서 Alexandra Eames가 말하는 장면

 참고하세요

'산산조각 내다'라는 뜻의 동의어는 'break(chop) ~ into pieces'가 있습니다.

That/This/It is not the case

그건 그렇지 않다

(not) true

 토플엔 이렇게 나온다

이빨 있는 고래 종류들끼리 밀접하게 연관되어 있다고 생각했습니다. 하지만 최근 DNA 연구 결과에 따르면 그건 그렇지 않다는 점입니다.

미드 | Scene 122-1

Commander William T. Riker: So, none of the background which we have provided would be helpful in understanding why they continue to fight?
Scholar: The portfolio will indicate that the conflict is over a piece of land or wealth or some other tangible asset. But we both know **that is not the case**.

Commander William T. Riker: 우리가 제공해 왔던 그 어떤 배경 지식도 왜 그들이 계속 싸우는지를 이해하는 데 도움이 안 될 겁니다.
Scholar: 포트폴리오는 갈등이 영토, 부, 기타 유형적인 자산 때문에 일어난다고 알려줄 것입니다만 이 경우에는 아니라는 걸 우리 둘 다 알고 있지요.

<Star Trek: The Next Generation> S2_EP05 00:16

미드 | Scene 설명

솔레이어스5의 파벌 간 싸움에서 중재 역할을 담당할 Riva에서 온 중재인들(Scholar 포함)이 엔터프라이즈 함선에 타서 승무원들과 첫 대면하는 장면.

참고하세요

'지금 이 상황(경우)에 맞지 않는다' 또는 '해당 사항이 없다'는 것을 말해 줄 때 사용하며 진실에 해당하는 내용이 강조가 되는 효과가 있습니다.

Day 123

the 비교급 주어1 서술어1,
the 비교급 주어2 서술어2

~할수록 -하다

토플엔 이렇게 나온다

학부생 연구보조금 지원서 제출은 더 이를수록 더 좋을 겁니다.

미드 | Scene 123-1

Lt. Commander worf: **the sooner I leave here**, **the better**.

Lt. Commander worf: 내가 이곳을 떠나는 게 빠를수록, 더 나을 거야.

<Star Trek: Deep Space Nine> S4_EP01-02 00:54

미드 | Scene 설명

엔터프라이즈 시절을 그리워하며 스타플릿에서 사임하고 보이저호를 떠나려 하는 Lt. Commander worf가 거취에 대해 O'Brien과 대화하는 장면.

to your advantage
너에게 유리한 대로

in a way that benefits someone

 토플엔 이렇게 나온다

비언론학 출신자가 해당 전문 분야의 보도에서 일할 경우 유리하게 작용할
것입니다.

미드 | Scene 124-1

Mr. Langer: This can work **to your advantage**.
Anne Ellis: Now who's that?

Mr. Langer: 이건(내가 개입하는 건) 당신(Anne Ellis)에게 유리하게 작용할 수 있어요.
Anne Ellis: 저 사람 누구예요?

<Law&Order: Criminal Intent> S1_EP02 00:02

미드 | Scene 설명

Bernard(미술품 감정사)를 만나러 Bernard 작업실을 찾아온 Anne Ellis(미술관
관장)가 뜻밖의 낯선 사람(Mr. Langer)을 보고 Bernard에게 말하는 장면.

~ wait until/til last minute

마지막 순간까지 미루다/기다리다

토플이 풀리는 🔊 Tip

SP 통합형 문제 중 학교 생활의 상황에서 나올 수 있는 표현입니다.

미드 | Scene 125-1

Aaron Hotchner: She probably **waited till the last minute** to exit.

Aaron Hotchner: 그녀는 아마도 나가기 위해 마지막 순간까지 기다렸을 거야.

<Criminal Minds> S7_EP24 00:46

미드 | Scene 설명

워싱턴 D.C. 은행강도 사건과 관련하여 범인에 대해 얘기하는 장면.

wander off

이탈하여 헤매다/방황하다

to move away from the place without going in a particular direction

 토플엔 이렇게 나온다

글을 쓸 때 주제에서 벗어나지 않도록 신경 써야 합니다.

미드 | Scene 126-1

Captain Benjamin Sisko: What about this story of theirs that the transport ship just **wandered off** course into a combat area?
Odo: I checked the flight plan the Captain filed and the projected course was near the border.

Captain Benjamin Sisko: (수송선이 단지 길을 잃어서) 항로를 이탈하여 전투 지역 내로 진입했다는 그들의 주장에 대해선?
Odo: 수송선 함장이 만든 비행 계획을 확인했는데 원래 예정 코스가 전투 지역 경계선 근처였어요(그들의 얘기가 맞습니다).

<Star Trek: Deep Space Nine> S4_18 00:19

미드 | Scene 설명

디파이언트호를 조종, 지휘하는 동안 클링온 수송선을 파괴하여 클링온 민간인을 441명 죽였다는 혐의로 법정에 피고로 나선 Lt. Commander worf에 대해 그의 결백(어쩔 수 없는 공격이었음)을 증명하기 위해 worf의 변호를 맡고 있는 Captain Benjamin Sisko와 증거 수집을 위해 사건 조사를 하고 있는 Odo가 대화하는 장면.

washed off
씻겨 떨어져 나가다

washed away into ~
씻겨 멀리 떠나가 ~ 속으로 들어가다

to be destroyed and carried away.

토플엔 이렇게 나온다

죽은 바다사자가 알래스카 해변으로부터 씻겨 나왔을 때 처음에 그 원인을 알 수 없었습니다.

미드 | Scene 127-1

Captain Jean-Luc Picard: NOOO! It is⋯ It is⋯ wrong! IT IS WRONG! A lifetime of discipline **washed away**, and in its place⋯ Bedlam. BEDLAM! I'm so old. There is nothing left but dry bones, and dead friends. Oh⋯ tired. Oh, so tired.

Captain Jean-Luc Picard: 잘못이야. 그건 옳지 않아. 평생의 절제심이 씻겨 나갔어. 그리고 그 자리에⋯ 베들렘. 난 너무 늙었죠. 마른 뼈밖에는 아무것도 안 남았어. 친구들도 죽었고. 아⋯ 지쳤어.

<Star Trek: The Next Generation> S3_23 00:37

미드 | Scene 설명

피카드 함장이 대사의 임무 수행을 돕기 위해 대사와 정신융합을 하게 된 후 후유증(부작용)이 생겨 과거의 고통스러운 순간들을 떠올리게 된 장면.

wind/end up

(결국) ~하게 되다

to end by doing something

 토플엔 이렇게 나온다

구내식당 아침식사 메뉴 가격이 오른다면 일주일에 두세 번만 사 먹게 되어 도 나에게 어느 정도의 돈이 들게 될 것입니다.

미드 | Scene 128-1

Odo: Choose not to. Too many compromises. You want to watch the karo-net tournament; she wants to listen to music, so you compromise — you listen to music. You like Earth Jazz; she prefers Klingon Opera so you compromise — you listen to Klingon Opera. So here you were ready to have a nice night watching the karo-net match and you **wind up** spending an agonizing evening listening to Klingon Opera.

Odo: 안 하는 걸로 한 거지. 너무 많은 타협들. 카로넷 토너먼트가 보고 싶은데, 여 자친구는 음악 듣고 싶어 해서 양보하고 그래서 음악을 듣는데 얼스 재즈를 좋아 하지만 여자친구는 클링온 오페라가 더 좋다고 하지. 그래서 양보하고 클링온 오페 라를 듣게 되지. 카로넷 경기 보며 멋진 밤을 보낼 준비가 되었었는데 결국 그날 저 녁은 클링온 오페라를 괴로워하며 듣는 거야.

<Star Trek: Deep Space Nine> S1_EP04 00:05

미드 | Scene 설명

Quark의 바에서 Quark와 Odo가 연애에 대한 대화를 하는 장면.

참고하세요

wind up/end up 다음 전치사(with/in)+명사(or 명사 포함 어구)가 나오기도 합니다.

wipe out
지우다, 닦다, 박멸하다, 몰살하다, 쓸어버리다

to kill, especially in large numbers

토플엔 이렇게 나온다(WR 통합형)

WR 통합형의 주제 중 하나인 멸종 위기에 처한 동식물 보호 방법에서 구체적인 설명 내용으로 '위협이 되는 것들(바이러스, 세균 등)을 쓸어버리다/제거하다'라는 내용에서 사용될 수 있는 구동사입니다.

미드 | Scene 129-1

Aaron Hotchner: Then it's only a matter of time before he tries to **wipe out** the real thing.
Jordan Todd: Are you saying this guy's gonna kill his wife and kids?

Aaron Hotchner: 그가 현실의 것을 쓸어 버리려고 하는 건 시간문제일 뿐입니다.
Jordan Todd: 이 남자가 그의 부인과 아이들을 죽일 거라는 말씀이신가요?

<Criminal Minds> S4_EP11 00:16

미드 | Scene 설명

캘리포니아 오렌지 카운티 지역 건설공사 현장안전요원을 통해 알게 된 범인의 특징으로 미루어 볼 때 Aaron Hotchner가 앞으로 전개될 일을 말하는 장면.

토플이 풀리는
미드 어휘

ambitious

야심 찬, 의욕적인, 의욕만 앞서는, 목표가 큰

greatly desirous; eager

토플엔 이렇게 나온다

다 하지도 못할 거 왜 강의 교재는 4권이나 이번 학기에 할 거하고 하셨는지 교수님은 의욕만 앞서는(ambitious) 것 같아요.

미드 | ## Scene 130-1

Aaron Hotchner: It'd be wrong, however, to write this guy off as crazy. Bank robbing is an **ambitious** crime and it takes time and planning to pull it off.

Aaron Hotchner: 하지만 놈을 그저 미치광이로 배제하는(지우는) 것은 틀린 것 같아요. 은행 강도는 야심 찬 범죄이고 성공하기 위해선 시간과 계획을 필요로 하죠.

<Criminal Minds> S2_EP04 00:17

미드 | ## Scene 설명

LA은행에서 은행강도 범인에 대해 Aaron Hotchner가 브리핑하는 장면.

awe

ⓝ 경외심
ⓥ ~에게 두려운 마음을 일게 하다, ~에게 경외심을 갖게 하다

a feeling of respect or reverence mixed with dread and wonder, often inspired by something majestic or powerful

 토플엔 이렇게 나온다

그는 시적인 언어의 묘사적 비유를 사용하는데 이것이 그의 독자들에게 경외심을 갖도록 합니다.

미드 | Scene 131-1

Robert Goren: The timing, lack of forensic evidence, except, of course, for what the perpetrator chose to leave behind. And this is where I step back in **awe**. The planting of the DNA and the harvesting from human remains.

Robert Goren: 범인이 남겨 두려고 선택한 건 제외하고 타이밍, 과학수사(법의학) 증거 부족, 그리고 이 부분에서 전 경외심에 한발 물러났죠. DNA를 심어 놓고 시체에서 수확한(얻는)다는 점에서요.

<Law&Order: Criminal Intent> S2_EP01 00:35

미드 | Scene 설명

Robert Goren이 살인용의자(Roan)를 뉴욕경찰서 취조실에서 질의하는 장면.

🌸 **참고하세요**

같은 어원의 단어로 'awesome'이 있습니다.

Day 132

adept

숙련된

a highly skilled person; an expert

토플엔 이렇게 나온다

그 지역의 원주민들은 산길을 빠르게 이동하는 데 숙련되어 있습니다.

미드 | Scene 132-1

Dr. Spencer Reid: If we looked into each of the fires we'd find a lot of patterns having to do with 3's because our minds are incredibly **adept** at seeking out patterns.

Dr. Spencer Reid: 다시 화재 각각을 조사해 본다면 (숫자) 3과 관련된 많은 패턴을 찾겠지요 왜냐면 우리 마음은 패턴을 찾는 데 놀랄 만큼 능숙하거든요.

<Criminal Minds> S1_EP02 00:30

미드 | Scene 설명

애리조나 주 템피 연쇄방화범의 심리를 분석하며 대화하는 장면.

 참고하세요

반의어 inept는 '무능한, 서투른'의 의미입니다.

aftermath

(전쟁·재해 따위의) 결과/여파/영향

a consequence, especially of a disaster or misfortune

토플이 풀리는 🔊 Tip

이 단어는 자연현상, 사회현상의 원인·결과의 내용에서 사용될 수 있는 단어이며 원인·결과의 내용은 토플에서 중요한 내용입니다

미드 | **Scene 133-1**

Aaron Hotchner: All we've been looking at right now are the immediate **aftermaths** of the crimes.
Jason Gideon: It's worth a shot.

Aaron Hotchner: 지금까지 우리가 본 거라고는 범죄 발생 후 그 직후 결과에 대한 영상뿐이거든요.
Jason Gideon: 시도할 가치가 있어.

<Criminal Minds> S3_EP20 00:29

미드 | **Scene 설명**

Aaron Hotchner, Derek Morgan, 뉴욕 시 경찰국 케이트 조이너 형사가 뉴욕 시 살인범 일당이 범행 장소를 범행 직후에 들르는 게 아니고 며칠 후에 들를 수 있다며 일당에 대해 분석하고 대화하는 장면.

bare

ⓥ 드러내다
ⓐ 더하는 것 없이 그대로의

to make bare; uncover or reveal

 토플엔 이렇게 나온다

개(강아지)가 방어본능으로 위협하기 위해 이빨을 드러냅니다(bare its teeth).

미드 | Scene 134-1

Jessica: Yes. Cyrus is my husband and a prophet. It's an honor to **bare** his children.
Dr. Spencer Reid: Jessica, you're 15 years old.

Jessica: 예. 사이러스는 내 남편이고 예언가예요. 그의 아이들을 드러내게(보이게) 되어 영광이에요.
Dr. Spencer Reid: 제시카, 넌 15살이야.

<Criminal Minds> S4_EP03 00:03

미드 | Scene 설명

아동 가해 혐의자(Cyrus; 콜로라도 리플라타 카운티 자급자족마을의 리더이자 종교 단체 교주)에 대해 Dr. Spencer Reid, Emily Prentis, 여자아이(Jessica)가 대화 하는 장면.

참고하세요

동사 bear(지니다, 갖고 있다, 나르다)의 과거형도 같은 철자의 bare입니다.
맨손(bare hands), 맨발(bare foot)

beyond ~

~를 넘어서는, 초월하는

farther along or away

토플엔 이렇게 나온다

그 모든 세부사항들은 우리의 범위를 초월합니다.

미드 | Scene 135-1

Alexandra Eames: Nailing Eric for murder doesn't seem like much of a consolation prize.
Ron Carver: Even that prize is **beyond** our reach. I don't see the evidence.

Alexandra Eames: (진짜) 에릭을 살인죄로 지목하는 건 큰 위안을 주는 포상이 아닌 것 같아요.
Ron Carver: 심지어 그 상은 우리의 이해력의 범위를 벗어나죠(상식적으로 말이 안 돼죠).

<Law&Order: Criminal Intent> S3_EP14 00:33

미드 | Scene 설명

클레이돈 제약회사 방콕지사에 근무하는 직원(살인 피해자 Clay Sherwood)의 피살 사건 살인 용의자로 반식물 상태에 있는 진짜 Eric(Eric 행세를 하는 가짜 Eric이 있음)을 지목하는 것은 이치에 맞지 않다고 Alexandra Eames가 말하는 장면.

camouflage

위장하다

① to disguise
② the concealing of personnel or equipment from an enemy by making them appear to be part of the natural surroundings

토플이 풀리는 Tip

생물학(동물학) 지문에서 동물이 사냥 또는 포식자로부터 보호하는 행위를 설명할 때 사용합니다.

미드 | Scene 136-1

Dr. Spencer Reid: Yeah. Yeah. The Afro-Caribbean syncretic religions began with slaves, who mixed their traditional religions with Catholicism in order to **camouflage them**.

Dr. Spencer Reid: 예, 예. 아프리카계 카리브해의 혼합주의 종교들은 노예들과 함께 시작되었는데 그들의 종교를 위장하기 위해서 가톨릭과 자신들의 전통 종교들을 결합하였죠.

<Criminal Minds> S6_EP12 00:04

미드 | Scene 설명

비행기로 이동 중에 살인범이 살인 후 치르는 아프리카와 관련된 의식에 대해 Dr. Spencer Reid가 말하는 장면.

breakthrough

돌파구, 약진

a major achievement or success that permits further progress

 토플엔 이렇게 나온다

과학자가 과학사에서 한 획을 긋는 위대한 발견 또는 과학적 업적을 이룬 경우 사용되는 단어입니다. 의미심장하고 유의할 만한(significant) 성과라고 볼 수 있습니다.

미드 | Scene 137-1

Doctor Beverly Crusher: You put your research ahead of your patients' lives.
And as far as I'm concerned, that's a violation of our most sacred trust. I'm sure your work will be hailed as a stunning **breakthrough**.

Doctor Beverly Crusher: 당신은 연구를 환자의 생명보다 더 위에 두고 있어요. 그리고 내 의견으로는 그것은 우리의 귀중한 신뢰에 대한 위반이에요. 당신의 과업이 놀라운 돌파구로서 칭송받을 거라고 확신합니다.

<Star Trek: The Next Generation> S5_EP16 00:41

미드 | Scene 설명

Doctor Beverly Crusher가 본인의 업적, 성과를 중시하는 Russell 박사에게 말하는 장면.

consistency

일관성, 변함없음, 꾸준함

① agreement or accordance with facts, form, or characteristics
② previously shown or stated agreement or harmony between parts of something complex
③ the state or quality of holding or sticking together and retaining shape
④ conformity with previous attitudes, behavior, practice, etc

 토플엔 이렇게 나온다

미술(디자인의 요소인 일관성)이나 철학(inconsistency; 모순, 부정합) 분야에서 사용될 수 있습니다.

the quality of always behaving or performing in a similar way, or of always happening in a similar way

미드 | Scene 138-1

Detective Dan Brady: Which serial killer is he mimicking now?
Dr. Spencer Reid: I don't think he is mimicking anymore. He's starting to show **consistency**. I think he's developing his own style.

Detective Dan Brady: 어떤 연쇄 살인범을 흉내 내는 거죠?
Dr. Spencer Reid: 더 이상 흉내 내는 것 같지 않아요. 자신만의 꾸준함을 보이기 시작했군요. 그는 자신만의 스타일로 발전시키는 것 같아요.

<Criminal Minds> S4_EP15 00:25

살인현장에서 시체를 보면서 나누는 대화 장면.

🌸 참고하세요

'be consistent with ~'의 의미는 '~와 일치하는/일맥상통하는, ~로 일관된, ~를 고수하는'입니다.

coordinate ~

~에서 공조하다, ~에서/를 조화롭게 이용하다/조화를 이루다

to cause to work or function in a common action or effort

토플엔 이렇게 나온다

① 그는 학사 업무에서 공조했었습니다.
② 그 동물은 신체 각 부위를 조화롭게 이용합니다(coordinate its body parts).

미드 | Scene 139-1

Sheriff John Bridges: You'll keep track of 'em?
Jennifer Jareau: I've **coordinated** searches all over the country.

Sheriff John Bridges: 그들을 추적할 건가요?
Jennifer Jareau: 온 나라를 수색하는 일에 공조했었어요.

<Criminal Minds> S1_EP10 00:13

미드 | Scene 설명

버지니아 주, 메사누튼 산에서 발생한 살인사건 범인과 관련하여 Jennifer Jareau와 해당 지역 경찰관이 대화하는 장면.

culprit

죄인, 범죄자, 주된 범인/사건의 원인

the person responsible for a particular offence, misdeed, etc

 토플엔 이렇게 나온다

지구온난화의 주범은 바로 온실가스입니다.

미드 | **Scene 140-1**

Aaron Hotchner: He blames these fathers for their mistakes, and then he punishes the families and makes it appear as if the father is **the culprit(= is responsible).**

Aaron Hotchner: 그는 그들의 실수에 대해 아버지들을 탓하고 나머지 가족들을 처벌한 뒤 마치 그 아버지가 범인인 것처럼 보이도록 하는군요.

<Criminal Minds> S8_EP03 00:22

미드 | **Scene 설명**

캔자스 시티에서 가족을 납치, 살해하는 범인의 수법에 대해 팀원들과 의논하는 과정에서 Aaron Hotchner가 말하는 장면.

참고하세요

벌어진 일의 원인을 말할 때 cause 대신 비유적으로 주범이란 말을 사용합니다.

crowd ~

~바싹 다가서다

to draw or stand very near or too near to

 토플엔 이렇게 나온다

외국계 회사들이 자국의 시장에 바싹 다가섭니다.

미드 | Scene 141-1

Kelly: I know where this is going. I was not stalking Mike.
Robert Goren: You were **crowding** him. We've talked to the detective that took his complaint.

Kelly: 어느 방향으로 말하려는지 알아요. 마이크를 스토킹하지 않았어요.
Robert Goren: 그를 바싹 따라다녔잖아요. 우리는 마이크의 고소장을 받았던 형사와 얘기했습니다.

<Law&Order: Criminal Intent> S4_EP21 00:14

미드 | Scene 설명

살인 사건 탐문 수사 중인 Robert Goren 형사, Alexandra Eames 형사가 피해자의 주변 인물 중 한 명인 Kelly를 탐문하는 장면.

참고하세요

'crowd out'은 '늘어나서 (포화) 밖으로 밀어내다, 밀쳐내다'의 의미입니다.

overcrowded

과밀의, 과밀 상태인

to be excessively crowded

토플엔 이렇게 나온다

대학교 컴퓨터실이 학기 말에는 기말 보고서 작성 중인 학생들이 몰리기 때문에 과밀 상태입니다.

미드 | Scene 142-1

Arin: Frankly, I don't understand how parole is even a consideration.
David Rossi: Well, he's eligible. They're **overcrowded**.

Arin: 사실 어떻게 가석방이 고려의 대상일 수 있는지 모르겠어요.
David Rossi: 그는 자격이 있어요. 교도소가 과밀상태이거든요.

<Criminal Minds> S6_EP11 00:01

미드 | Scene 설명

현재 복역 중인 25년 전 범인(아내와 딸을 살해함)의 가석방 소식과 그의 사회 복귀 위험도 평가에 대해 FBI 부장 Arin과 David Rossi가 대화 나누는 장면.

참고하세요

'overcrowding(명사)'의 의미는 '대혼잡, 초만원'입니다.

crude

정제되지 않은, 투박한, 천연의, 대략적인

① being in an unrefined or natural state
② not carefully or skillfully made; rough

토플엔 이렇게 나온다

우리에게 알려진 태양계의 끝까지 이동하는 데 걸리는 시간은 대략적인 추정
치라고 말할 수 있습니다.

미드 | ## Scene 143-1

Chakotay: and every few years, there's been an equally
revolutionary advance in computers — all from Chronow-
erx Industries, all based on Starling's **crude** understand-
ing of 29th-century technology.

Chakotay: 매 수년마다 컴퓨터에서 동일하게 혁명적인 진보는 모두 크로노웍스 산
업으로부터 나오며 모두 스탈링(크로노웍스 산업 대표이사)의 29세기 기술의 투박한
이해에 기반을 두고 있어요.

<Star Trek: Voyager> S3_EP08 00:37

미드 | ## Scene 설명

Braxton 선장의 시간함정의 공격을 받는 과정에서 과거(1996년 지구)로 간 보
이저호와 승무원들이 Chronowerx Starling으로부터 시간함선을 찾아 29
세기로 돌아가기 위한 시도를 하는데, Kathryn Janeway와 Chakotay가
Chronowerx 회사 건물 Starling의 사무실 잡입하여 Starling의 컴퓨터에 로
그인하여 정보 조사를 하면서 대화하는 장면.

distract

혼란시키다, 주의산만하게 하다, 주의를 딴 데로 돌리게 하다

to cause (someone) to have difficulty paying attention to something

토플엔 이렇게 나온다

새끼 새를 보호하는 본능적 행동으로 삑삑도요새는 공격자가 한눈팔게 만들기 위해 춤을 춥니다.

미드 | Scene 144-1

Aaron Hotchner: To cover his tracks. To **distract** us from the fact that he was testing the envelopes.
Dr. Spencer Reid: What I can't figure out is why would he poison the envelopes to test the punch?

Aaron Hotchner: 그는 본인 행적을 덮기 위해서 봉투를 실험했다는 사실로부터 우리를 혼란시키려고 했던 거야.
Dr. Spencer Reid: 그가 왜 펀치를 테스트하기 위해 봉투에 독을 넣었을지 여부에 대한 파악을 내가 왜 못할까요?

<Criminal Minds> S1_EP13 00:36

미드 | Scene 설명

범인 Hill의 여러 가지 범행에 대해 그 의도를 파악하기 위해 Aaron Hotchner, Dr. Spencer Reid, David Rossi가 대화를 나누는 장면.

downright

ⓐ 확실한, 철저한, 절대적인
ⓐⓓ 절대적으로

thorough; absolute

토플엔 이렇게 나온다

일기예보는 많은 경우 절대적으로 부정확/정확합니다.

미드 | Scene 145-1

Emily Prentis: This guy is educated, intelligent, proper. He's a **downright** gentleman.
Derek Morgan: The rose petals sent a pretty specific message.

Emily Prentis: 이 남자는 교육받았고 지적이고 예의바르죠. 그는 철저한 신사죠
Derek Morgan: 장미 꽃잎은 꽤 특유의 메시지를 보내었던 거죠.

<Criminal Minds> S5_EP10 00:15

미드 | Scene 설명

미확인범(unidentified subject)에 대한 조사한 내용을 바탕으로 분석을 하는 장면.

Day 146

drive

~을 몰고 가다/가동시키다/추진시키다

to push, propel, or press onward forcibly; urge forward

🪂 토플엔 이렇게 나온다

뭐가 사람들이 그런 행위를 하도록 몰고 가는 걸까요?

미드 | Scene 146-1

Derek Morgan: Sex and power — the 2 motives that **drive** a serial arsonist.
Jason Gideon: And without 'em, we do not have a profile.

Derek Morgan: 성욕과 권력욕, 두 가지가 연쇄 방화범을 추진시키는 요소예요.
Jason Gideon: 그것들이 없다면 우린 프로파일이 없는 거야

<Criminal Minds> S1_EP02 00:17

미드 | Scene 설명

연쇄 방화범에 대해 대화를 나누는 장면

❀ 참고하세요

'drive'는 '동인/구동(명사)'이란 의미도 있습니다.

Day 147

denominator

분모, 공통 특징/사항

a common trait or characteristic

토플엔 이렇게 나온다

다양한 종류의 신발이 있지만 공통적인 사항은 걸었을 때 발이 편해야 한다는 점입니다.

미드 | Scene 147-1

Aaron Hotchner: We asked her to check names of forestry employees against a list of witnesses interviewed by the roanoke police.
Hillen brant: And were you able to find a common **denominator**.

Aaron Hotchner: 우리는 그녀에게 로아노크 경찰이 인터뷰한 목격자들 목록에서 산림원 직원들 이름을 확인해 달라고 요청했었죠.
Hillen brant: 그리고 공통적으로 발견되는 사항(이름)을 발견할 수 있었어요.

<Criminal Minds> S3_EP19 00:19

미드 | Scene 설명

버지니아 주 법정에서 살인범(Brian Matloff, 4년 전 범행 직후 혼수상태로 인해 재판이 연기되었다가 깨어나 재판 시작) 처벌 수위를 정하는 재판에서 hilen Brant 검사가 증인으로 출석한 Aaron Hotchner을 심문하는 장면.

diffuse
흩뜨리다, 발산하다, 퍼트리다, 확산시키다

to cause to spread out freely

토플엔 이렇게 나온다

문화를 외국으로 확산시키다/퍼트리다.

미드 | Scene 148-1

Seven of Nine: Clearly Voyager is not yet ready for assimi-
lation. A joke. The Doctor suggested that I **diffuse** tense
situations with humor.
Chakotay: Good idea.

Seven of Nine: 확실히 보이저호는 (제가) 아직 동화하기에(정 붙이기에) 준비가 안
된 것 같네요. 농담입니다. 의사가 유머로 긴장 상황을 흩뜨리라고(흩어지게 하라고)
제안했어요.
Chakotay: 좋은 생각인데.

<Star Trek: Voyager> S6_EP08 00:05

미드 | Scene 설명

Chakotay의 지시를 따르지 않은 Seven of nine과 Chakotay의 미묘한 신경전
속에서 뼈있는 유머를 던진 Seven of Nine이 Chakotay의 표정이 굳어지자
둘러대는 말을 하는 장면.

Day 149

discourage ~

~의 의욕을 꺾다, 낙담시키다

to deprive of confidence, hope, or spirit

토플엔 이렇게 나온다

대부분의 사람들이 그런 어려움을 경험했다면 낙담했을 것입니다.

미드 | Scene 149-1

Barry Flynn's narration: Don't permit them to **discourage** you. Don't allow them to stand in your way.

Barry Flynn's narration: 그들이 당신의 의욕을 꺾도록 놔두지 마십시오. 당신을 방해하도록(당신의 길을 막고 서 있도록) 놔두지 마십시오.

<Criminal Minds> S8_EP09 00:03

미드 | Scene 설명

Barry Flynn 강연을 들은 여성 Cynthia가 집에 돌아온 후 그의 강연 녹음을 재생하여 듣는 장면.

disparity

차이, 불일치, 완전히 다름

unlikeness; incongruity

토플이 풀리는 Tip

두 가지 대상의 차이점, 유사함의 내용은 세부사항을 묻는 문제 또는 사실일치/불일치 문제로 나올 수 있는 내용이며 disparity, difference, similarity 등의 단어가 해당 문장에서 사용될 수 있습니다.

미드 | Scene 150-1

Border Agent Jeff Bedwell: He got a recent physical trauma. Could be a stressor. Wide **disparity** of victims. No bodies. Possible border cross. Two entirely different terrains.

Border Agent Jeff Bedwell: (범인이) 최근 신체적 트라우마를 겪었는데 스트레스 요인이 될 수 있겠죠. 희생자들의 광범위한 차이. 시체는 없고, 국경을 넘었을 가능성. 두 개의 완전히 다른 지형이 있어요.

<Criminal Minds> S4_EP25-26 00:08

미드 | Scene 설명

캐나다 온타리오 주 윈저 시 경찰국에서 미국 캐나다 국경에서 체포된 살인범(William Hightower, 디트로이트에서 범행 후 도주)에 대해 파견된 FBI 요원들과 윈저 시 경찰국 국경 담당 경찰(Jeff Bedwell)이 의논하는 장면.

disprove

그릇됨을 입증하다

to prove to be false, invalid, or in error; refute

토플엔 이렇게 나온다

3세 이하 아이들의 망각률은 높을 거라 예상했지만 실제 테스트 결과는 그 예상이 그릇됨을 입증했습니다.

미드 | Scene 151-1

Carollin Barrack: We're gonna have to go with you to get the money. Well, that **disproves** one element of the confession.

Carollin Barrack: 우리는 돈을 찾으러 당신과 함께 가야 되겠어요. 그건 (케빈) 자백의 한 가지는 그릇되었다는 것을 판명하네요.

<Law&Order: Criminal Intent> S5_EP22 00:21

미드 | Scene 설명

Mike Rogan, carollin barrack 형사가 사건 관련자인 Rebecca에게 질문하는 장면. 살인 용의자인 Kevin이 한 자백 내용은 '돈 때문에 Kevin과 Kevin 아버지가 싸우게 되었다는 것'이었는데 이것이 거짓임을 Rebecca의 말을 통해서 알게 된다.

 참고하세요

prove의 반의어는 not prove(입증하지 않다)입니다. not prove와 disprove의 의미는 다릅니다.

distinction

구별, 차별

the state of being different or distinguishable

 토플이 풀리는 Tip

파생어 distinctive(형용사), distinctiveness(명사)

토플엔 이렇게 나온다

현대에 이르러서야 태양계와 우주의 구분(distinction)이 명확해졌다.

미드 | Scene 152-1

Captain Sisko: There's a difference between interrogation and torture.
Captain Bashir: The Alliance never made that **distinction**.

Captain Sisko: 심문하는 것과 고문하는 것은 차이가 있어.
Captain Bashir: 동맹은 결코 구분한 적이 없었어요(동맹은 잔인하게 우리를 대했지 그래서 나도…).

<Star Trek: Deep Space Nine> S4_EP20 00:18

미드 | Scene 설명

동맹을 몰아내고 테락 노어를 장악한 Smiley가 동맹과의 전투에서 필요한 디파이언트(공격용 소형 우주선) 조종의 문제점 해결을 위해 Captain Sisko를 잡아 놓은 상황에서 Smiley 일당 중 한 사람인 Captain Bashir가 인질로 붙잡고 있는 동맹의 감독관에게 심하게 고통을 주자 Captain Sisko가 말리면서 말하는 장면.

참고하세요

make 동사가 함께 사용된 표현으로 많이 쓰입니다 distiction을 언급하며 구분해 주는 내용의 경우 각각의 구분되는 내용을 잘 파악해야 합니다.

elaborate

공들인, 정교한

intricate and rich in detail

 토플엔 이렇게 나온다

정교한 무대 디자인 덕분에 많은 관객이 찾아오게 되었습니다.

미드 | **Scene 153-1**

Seaver: Why not go by most recent?
Dr. Spencer Reid: Judging by his **elaborate** filing system,
doyle obviously has obsessive-compulsive disorder.

Seaver: 왜 최근 사건 순으로 안 보는 건가요?
Dr. Spencer Reid: 정교한 서류 정리 체계를 보고 판단했을 때 도일은 집착 강박
장애가 있는 게 확실해요.

<Criminal Minds> S1_EP17 00:36

미드 | **Scene 설명**

법원에서 법정 속기사로 일하며 정의를 추구한다는 명목으로 살인 또는 폭
행을 하는 범죄자 Doyle이 집으로 몰래 가져온 재판 기록 서류 박스 안의 문
서를 요원들이 훑어보는 장면(범인의 다음 범죄 대상을 예상하기 위한 단서를 얻기
위해).

eliminate

폐지하다, 중단하다

to get rid of; remove

토플엔 이렇게 나온다(SP 통합형)

학교식당에서 아침 차가운 음식(yogurt, orange juice, etc) 제공 서비스를 중단
합니다.

미드 | Scene 154-1

Aaron Hotchner: So we go back to the schools, we **eliminate** the third ward, and we target problem kids whose fathers have held blue-collar jobs over the last 10 years.

Aaron Hotchner: 학교로 다시 돌아가서 3지구는 중단하고(제끼고) 지난 10년에 걸쳐 육체 노동일을 하는 아버지를 둔 문제아를 조사 대상으로 하지.

<Criminal Minds> S3_EP02 00:31

미드 | Scene 설명

범죄현장지역 수사본부에서 지도를 보며 범인(초등학교 어린 아들을 이용하여 집
으로 유인한 성인여자들을 살해)이 시체를 유기한 장소에 대해 얘기하는 장면.

equivalent

등가, 동등

equal, as in value, force, or meaning

 토플엔 이렇게 나온다

한 번에 6시간 연속 공부하는 것은 하루에 한 시간씩 6일 공부하는 것과 동등하지 않습니다.

미드 | Scene 155-1

Kes: I'd like to explore the possibility of going to medical school.
The doctor: If you continue to apply yourself as you have, by the time we get back, you may already have the **equivalent** of a medical degree.

Kes: 의과대학에 가는 것의 가능성을 알아보고 싶어요.
The doctor: 지금 해 왔던 것처럼 계속 스스로 분발하면 우리가 돌아올 때쯤엔 당신은 이미 의과대학 학위 소지자와 대등한 수준을 갖추게 될 거예요.

<Star Trek: Voyager> S1_EP07 00:31

미드 | Scene 설명

Kes가 의학공부에 소질을 보이고 재능이 있음을 알게 된 Doctor와 Kes의 대화 장면.

참고하세요

'equivalent to ~'는 '~과 맞먹는, 등가인, 동등한'의 의미입니다.

exert

(영향을) 미치다, (힘/지식 따위를) 발휘하다

to put to use or effect; put forth

토플엔 이렇게 나온다

자기장은 태양 흑점 부위 자기장 내부 게스에 가해진 압력을 줄이게 됩니다.

미드 | Scene 156-1

Dr. Spencer Reid: I think it's more about, uh, not necessarily about **exerting** power, but more like overcompensating for a lack of it.

Dr. Spencer Reid: 이건 힘을 행사하려는 것에 대한 것, 꼭 그런 것은 아니고 그보단 자신의 힘 부족에 대해 무리하게 보상하려는 그런 것으로 생각됩니다.

<Criminal Minds> S3_EP03 00:15

미드 | Scene 설명

오리건주 포틀랜드 살인사건과 관련하여 살인범을 프로파일링한 내용을 포틀랜드 경찰관들에게 브리핑하고 있는 시간에 본인의 순서가 되어 Dr. Spencer Reid가 말하는 장면.

 참고하세요

'exert A on B'는 'A를 B에 가하다'의 의미로 종종 쓰입니다.

existential

실존적인, 실존주의의

Of, relating to, or dealing with existence

토플이 풀리는 Tip

철학 또는 문학 분야의 지문에서 나올 수 있습니다.

미드 | Scene 157-1

Doctor Julian Bashir: Perhaps he's become prematurely aware of life's **existential** isolation.
Chief Miles Edward O'Brien: You're sure it's not a rash?

Doctor Julian Bashir: 아마 그(애기)는 인생의 실존적 고독에 대해 때 이르게 깨닫게 되었겠지.
Chief Miles Edward O'Brien: 발진이 아닌 게 확실한 거야.

<Star Trek: Deep Space Nine> S5_EP18 00:24

미드 | Scene 설명

Doctor Julian Bashir와 Miles Edward O'Brien이 Miles Edward O'Brien이 안고 있는 갓난아이(Miles Edward O'Brien의 아들)에 대해 나누는 대화 장면.

Day 158

explicit

명시적인, 외현적인, 명백한

fully and clearly expressed; leaving nothing implied

 토플엔 이렇게 나온다

명시적인 말 없이 암묵적인 암시를 하는 경우의 장점을 경험했을지 모릅니다.

미드 | Scene 158-1

Tara Louise: but there are people here who will take care of you.
Desmond: He gave me **explicit** instructions where to find it.

Tara Louise: 하지만 당신을 돌봐줄 사람들이 여기에 있어요.
Desmond: 그는 나에게 어디서 그것을 찾는지 명확한 지시를 내렸어요.

<Criminal Minds> S12_EP07 00:36

미드 | Scene 설명

본인이 Gabriel(Tara Louise 요원의 남동생)이라고 믿고 있는 이중인격장애자 Desmond가 같이 얘기를 나누던 FBI 요원 Tara Louise가 자리를 떠나려고 하자 범인인 스크레치에 대해 말하는 장면.

far-fetched

시기상조인, 억지의, 무리의

improbable in nature; unlikely

 토플엔 이렇게 나온다

그 내용(이론, 학설)은 시기상조, 무리라고 생각된다.

미드 | Scene 159-1

Lt. Tasha Yar: Captain, so far we've obeyed every order, no matter how **far-fetched** it might have seemed. But if we're to risk the safety of the ship and crew, I think we have to ask you for an explanation.

Lt. Tasha Yar: 함장님, 지금까지 우리는 모든 명령을 따라왔습니다, 얼마나 억지스럽게 느껴졌으리라 할지라도 우리 함선과 승무원의 안전성을 위태롭게 한다면 우리는 설명을 당신에게 요청해야 한다고 생각합니다.

<Star Trek: The Next Generation> S7_EP25-26 01:16:00

미드 | Scene 설명

Captain Jean-Luc Picard가 위험을 무릅쓰고 우주 공간에서 발생한 현상의 중심 위치로 엔터프라이즈 진입을 지시하자 Lt. Tasha Yar가 말하는 장면.

참고하세요

이 단어를 사용하여 표현하는 화자의 심경(태도)는 불확실성(Uncertainty)/불안정성(Instability)의 어감을 내포하기도 합니다.

forage
찾아다니다

to search for a particular food or foods, often in the wild

토플엔 이렇게 나온다

육식동물(포식자)이 먹잇감을 찾아다닙니다.

미드 | Scene 160-1

Dr. Spencer Reid: It's like trying to **forage** for dinner with a pair of number 2 pencils.

Dr. Spencer Reid: (젓가락 사용을 어려워하며) 꼭 2번(연필 종류) 연필 한 쌍으로 저녁 음식을 찾아 애쓰는 것 같아요.

<Criminal Minds> S1_EP17 00:17

미드 | Scene 설명

살인 사건 발생 도시인 뉴욕 시에 파견 와서 사건을 조사하던 중 중국 음식점에서 요원들이 식사하면서 대화하는 장면.

grant
승낙하다, 허가하다

to allow or consent to the fulfillment of (something requested)

토플엔 이렇게 나온다

보고서 기한 연장을 허가해 주셨으면 합니다.

미드 | Scene 161-1

Jason Gideon's narration: "on his behalf, demand atonement or **grant** forgiveness."

Jason Gideons's narration: "그(피해자)를 대신해 보상을 요구하거나 용서를 승낙하여야 한다."

<Criminal Minds> S1_EP17 00:04

미드 | Scene 설명

미국 시인의 말을 인용하는 장면.

참고하세요

'grant an extension'는 '연장을 허가하다(i.e. 과제, 시험)'의 의미입니다.

Day 162

hallmark

이정표, 특징

a mark indicating quality or excellence

 토플엔 이렇게 나온다

명확한 표현이 좋은 글쓰기의 특징입니다.

미드 | Scene 162-1

Derek Morgan: And he could have hated his own mother. The strained mother-child relationship is a **hallmark**.

Derek Morgan: 자신의 어머니를 증오했을 수도 있습니다. 어머니와 자식 사이의 긴장되고 뒤틀린 관계는 살인범들의 특징입니다.

<Criminal Minds> S7_EP22 00:17

미드 | Scene 설명

그들(FBI 행동분석팀)이 지금까지 살인범을 수사하면서 경험한 다양한 사례를 소개하고 다양한 범인의 유형에 대해 일반 대중에게 설명하는 강연회장에서 Derek Morgan이 말하는 장면.

handful

손이 많이 가는, 다루기 힘든(주로 아이들 얘기를 할 때 사용)

① someone or something hard to manage
② a small, undefined number or quantity

 토플엔 이렇게 나온다

대중교통을 이용하여 자연 학습장에 데려간다면 다루기 힘든 아이들이 내는 소음으로 인해 다른 시민들이 불편해질지 모릅니다.

미드 | Scene 163-1

Marge: I'm still tying to figure out what's bothering Lisa. I don't know. Bart's such a **handful** (child), and Maggie needs attention.

Marge: 여전히 파악 중이야 뭐가 리사를 고민하게 만드는지. 모르겠어. 바트는 정말 다루기 힘들고 매기는 주의 관심이 필요해.

<The Simpsons> S1_EP06 00:11

미드 | Scene 설명

학교에서 다른 또래 아이들과는 다른 독창적인 생각을 하기 때문에 선생님이라든지 친구들과 마찰을 빚게 되자 고민을 하게 되는 Lisa, 그런 Lisa의 어두운 모습을 보게 된 Lisa의 엄마 Marge가 Homer와 침실에서 대화하며 걱정하는 장면.

참고하세요

'a handful of+명사'는 '한 줌의, 소수의'의 의미입니다.

indistinguishable

구분할 수 없는

impossible to discern; imperceptible

토플이 풀리는 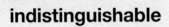 Tip

두 가지 내용의 비교, 차이를 설명할 때 사용할 수 있는 단어이며 이 단어가
사용된 문장 내용은 핵심 내용인 경우가 많습니다.

미드 | Scene 164-1

Derek Morgan's narration: "Naivete in grown ups is often charming. But when coupled with vanity, It is **indistinguishable** from stupidity." - Eric Hoffer.

Derek Morgan's narration: "어른의 천진난만함은 종종 매력적이다. 하지만 허영심과 결부될 때 어리석음과 구별하기 어렵다." - 에릭 호퍼

<Criminal Minds> S10_EP07 00:08

미드 | Scene 설명

Derek Morgan이 에릭 호퍼의 격언을 인용하는 장면.

intriguing

흥미를 자아내는

very interesting

토플엔 이렇게 나온다

금성의 표면으로부터 무선 에너지의 분출이 감지된다는 점은 흥미를 자아내는 사실입니다.

미드 | ## Scene 165-1

Robert Goren: Well, if Noah told her about the other wives, she was just trying to salvage what she could. But if she's known all along···that's the more **intriguing** possibility.
James Dickens: Until you nail down her motive, I'm keeping Laurette at the top of my list.

Robert Goren: 노아가 그녀(메리디스; 로렛의 또 다른 처)에게 로렛의 다른 부인들에 대해 말한다면 그녀는 그녀의 것을 지키려고 애쓰겠죠. 그러나 그녀가 모든 걸 알고 있었다면 그게 더 흥미로운 가능성이지.
James Dickens: 그녀의 범행동기를 짚어낼 때까지, 내 목록의 맨 위에 로렛을 두겠네(로렛을 용의자로 생각하겠네).

<Law&Order: Criminal Intent> S3_EP01 00:30

미드 | ## Scene 설명

유명 건축가 Laurette의 건축디자인을 본받으려 하고 연구하는 중에 Laurette의 사생활까지도 파악하게 되는 젊은 건축가 Noah의 살해 사건과 관련하여 관련자들에 대해 얘기를 나누는 Robert Goren과 James Dickens의 대화 장면.

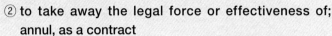

Day 166

invalidate

무효로 하다

① to render weak or ineffective, as an argument
② to take away the legal force or effectiveness of; annul, as a contract

🪂 토플엔 이렇게 나온다

지난번 블레이크의 그림에 대해 비판하는 얘기가 많이 있었다는 사실은 그가 추상화가로서 칭송받았다는 이 책의 주장들을 무효로 하는 것입니다.

미드 | Scene 166-1

Dr. Spencer Reid: And if that mother had a negative influence — in this case she was an Adulteress — it **invalidated** not only the father but reflected poorly onto the son.
Jason Gideon: Mark gregory was a child, but he was old enough to understand what his mother was doing.

Dr. Spencer Reid: 엄마가 나쁜 영향을 준다면 이 경우에는 그녀는 간통을 한 부인이었죠. 아버지를 유명무실하게 하는 것뿐만 아니라 아들에게도 부실하게 영향을 준 거죠.
Jason Gideon: 마크 그레고리는 아이였었지만 그는 그의 엄마가 뭘 하는지를 이해할 만큼 충분히 나이가 들었지.

<Criminal Minds> S1_EP20 00:33

미드 | Scene 설명

범인 Mark Gregory에 대한 분석을 하는 대화 장면.

invasive

침입하는

① tending to spread widely in a habitat or ecosystem.
Used especially of nonnative species
② tending to intrude

 토플엔 이렇게 나온다

우리 생태계에 들어온 침입종(Invasive species)에는 황소개구리가 있습니다.

미드 | Scene 167-1

Judge: What about that?
Aaron Hotchner: Is it safe? The test is non-**Invasive** and completely safe.

Judge: 어때요?
Aaron Hotchner: 안전한가요? 본 검사는 비침입성이며 완전 안전한 검사예요.

<Criminal Minds> S3_EP19 00:09

미드 | Scene 설명

재판 법정에서 판사에게 검사와 Aaron Hotchner가 살인 피해자의 사진을 본 후의 뇌파반응검사를 범인에게 시켜 달라고 요청하는 장면.

Day 168

involuntary

비자발적인

acting or done without or against one's will

토플엔 이렇게 나온다

수동적 주목은 비자발적인 것으로서, 상대방이 의지 없이 집중하는 경우를 말합니다.

미드 | Scene 168-1

Aaron Hotchner: yeah. And she kept repeating it. Once she started, she couldn't stop.
Dr. Spencer Reid: Yeah, it's palilalia. It's the **involuntary** repetition of words.

Aaron Hotchner: 그녀는 계속해서 그것을 반복했어요. 한 번 시작하면, 멈추질 않았죠.
Dr. Spencer Reid: 예, 그건 말되풀이병이에요. 단어의 비자발적(본인 의지와 상관없는) 반복이에요.

<Criminal Minds> S1_EP02 00:31

미드 | Scene 설명

범인 Clara의 언행을 분석하는 대화를 하는 Aaron Hotchner, Dr. Spencer Reid, Jason Gideon 세 사람의 장면.

incongruity

부조화, 안 어울림

the state or quality of being incongruous

토플엔 이렇게 나온다

낮은 문맥/상황(Low context)의 문화와 높은 문맥/상황(High context)의 문화의
부조화가 문제를 야기하게 됩니다.

미드 | Scene 169-1

Doctor Beverly Crusher: What is the source of the flashes?
Computer Voice: Unable to specify. Theoretically not possible from this substance.
Doctor Beverly Crusher: Disregard **incongruity**, and theorize as to source.
Computer Voice: Life.

Doctor Beverly Crusher: 섬광의 근원은 뭐지?

Computer Voice: 상세하게 설명을 할 수 없습니다. 이론적으로 이런 물질에서 불
가능합니다.

Doctor Beverly Crusher: 맞지 않는 것(부조화)을 무시해라. 그리고 그 근원에 대
해 이론화해.

Computer Voice: 생명체입니다.

<Star Trek: The Next Generation> S1_EP17 00:21

미드 | Scene 설명

벨라라(Velara) 3 행성의 관개시설실에서 공격받으면서 데이터가 발견한 미확
인 생명체를 엔터프라이즈호로 데려왔고 승무원들이 모여 이 생명체를 조사
하는 과정에서 Doctor Beverly Crusher와 Computer가 대화하는 장면.

 참고하세요

반의어는 congruity(조화, 어울림)입니다.

inconspicuous

눈에 띄지 않는

not readily noticeable

 토플엔 이렇게 나온다

(동물)수컷이 짝짓는 시기에 특이한 행동을 하여 암컷의 눈에 잘 띄게 합니다.

미드 | Scene 170-1

Tuvok: Captain, if we replay those events and they see you, it will disrupt the memory again.
Captain Kathryn Janeway: Then we've got to find a way to make me **inconspicuous**.

Tuvok: 함장님 우리가 그 이벤트를 재현하고 그들이 함장님을 본다면 기억을 다시 분열시킬 것입니다.
Captain Kathryn Janeway: 그렇다면 내가 눈에 띄지 않을 방법을 찾아야지.

<Star Trek: Voyager> S3_EP02 00:39

미드 | Scene 설명

보어저호가 성운에 접근하자 승무원 중 Tuvok 소령만 과거의 안 좋은 기억이 떠오르며 이상증세를 보인다. 이를 해결하기 위해 승무원들이 다방면으로 알아보는 중 Captain Kathryn Janeway가 최면 상태에서 Tuvok과 함께 Tuvok의 기억 속으로 들어가 Tuvok의 그 과거의 상황을 생생하게 재생하여 문제의 근원을 파악하고자 하는데, Tuvok 과거 기억 속 과거의 인물들 눈에 Kathryn 함장이 보이게 되자 이에 대해 두 사람이 나누는 대화를 나누는 장면.

🌸 **참고하세요**

반의어 conspicuous는 '눈에 띄는'의 의미입니다.

Day 171

intrinsic

본질적인, 내재적인

of or relating to the essential nature of a thing; inherent

 토플엔 이렇게 나온다

내재적인 가치를 갖는 행위의 지속성은 외재적인 가치보다 오래갑니다.

미드 | Scene 171-1

Emily Prentis'narration: Friedrich Nietzsche wrote, "what really raises one's indignation against suffering is not suffering **intrinsically**, but the senselessness of suffering".

Emily Prentis: 프리드리히 니체(철학자)는 "괴로움에 대해 정말로 분노를 일으키는 것은 내재적으로 괴로워하는 것이 아니라 괴로움에 무감각한 점이다"라고 썼다.

<Criminal Minds> S6_EP13 00:04

미드 | Scene 설명

Emily Prentis가 니체의 말을 인용하는 장면.

🌸 **참고하세요**

반의어는 extrinsic(비본질적인, 외부의)이며 intrinsically는 파생어로서 '본질적으로, 내재적으로'라는 의미의 부사입니다.

legitimate

적법의, 합법적인, 이치에 맞는

① being in compliance with the law; lawful: a legitimate business.
② valid or justifiable: a legitimate complaint.

 토플엔 이렇게 나온다

당신은 이치에 맞는 염려를 하는 것입니다.

미드 | Scene 172-1

Aaron Hotchner: We're FBI. We have influence with Justice. If you have a **legitimate** claim, and I believe you do, we can see to it you get fair compensation and credit

Aaron Hotchner: 우리는 FBI입니다. 정당하게 영향력을 행사합니다. 만약 합법적인 청구가 있다면, 제 생각엔 있다고 생각됩니다만, 우리는 당신이 공정한 보상과 신용을 받을 수 있도록 알아볼 수 있어요.

<Criminal Minds> S1_EP13 00:33

미드 | Scene 설명

뉴저지 주 비치우드 지역 경찰서 취조실 안에서 범인과 Aaron Hotchner가 대화하는 장면.

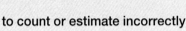

Day 173

miscalculate

잘못 헤아리다(가늠하다), 계산을 잘못하다, 잘못(헛)짚다

to count or estimate incorrectly

토플엔 이렇게 나온다

교수님은 학기당 소화할 수 있는 교재의 수를 잘못 헤아리셨어요. 사용되는 교재를 너무 많이 선정하셨어요.

미드 | Scene 173-1

Chakotay: We're here to prevent this disaster from ever happening.
Harry Kim: You see, Doc, 15 years ago, I **miscalculated** the slipstream threshold and transmitted the wrong phase corrections to Voyager.

Chakotay: 우린 이 재앙이 처음부터 일어나지 못하게 하려고 왔어.
Harry Kim: 있잖아요, 박사님. 15년 전에 내가 후류 한계치를 잘못 파악하였고 잘못된 위상 교정치를 보이저호에 전송하였어요.

<Star Trek: Voyager> S5_EP06 00:18

미드 | Scene 설명

현재 재앙의 원인이 된 과거의 실수를 막고 재앙을 되돌리고자 미래에서 과거로 시간여행을 온 Chakotay, Harry Kim이 Doctor에게 말하는 장면.

motivate

동기부여하다, ~의 마음을 그렇게 하게끔 움직이게 하다

to provide with an incentive or a reason for doing something

토플엔 이렇게 나온다

① TV 광고는 사람들에게 제품 구매의 동기를 부여합니다.
② 얼마나/어떤 동기부여가 되어야 어린아이가 용돈 받는 것 없이 쓰레기 버리기, 집 청소 등의 가사일을 할까요?
③ 가격에 의하여 마음이 움직여집니다.

미드 | Scene 174-1

Aaron Hotchner: Schrader gets off on power. That and money are what **motivate** him.
Derek Morgan: And revenge. 11 years away, he comes out a murderer

Aaron Hotchner: 슈레이더는 힘 키우는 것에 열중하고 있어요. 그 힘과 돈이 그에게 동기를 부여하는 거예요.
Derek Morgan: 그리고 복수도요. 11년 후에 살인자로 등장하죠.

<Criminal Minds> S5_EP11 00:18

미드 | Scene 설명

살인자 Schrader의 심리, 범행 동기를 분석하는 장면.

Day 175

munching

우적우적 (먹는) 소리

to eat something by chewing it slowly, thoroughly, and rather noisily

토플엔 이렇게 나온다

감자칩 우적우적 먹는 소리.

미드 | Scene 175-1

Robert Goren: They were keeping themselves pumped up, waiting for everybody to fall asleep.
Alexandra Eames: Squeezed in there, **munching** nuts, not making a sound for eight hours… I'd last one on a good day.

Robert Goren: 그들은 모두가 잠들기를 기다리면서 그들 스스로 마음과 의지를 다지는 거죠.
Alexandra Eames: 거기서 찌그러져 있으면서 소리 안 내고 8시간 동안이나 견과류를 우적우적 먹고… 난 컨디션 좋은 날에 한 시간 지속하는데.

<Law&Order: Criminal Intent> S4_EP23 00:05

미드 | Scene 설명

판사 Barton의 처분에 불만을 품은 죄수가 보복하기 위해 지인들을 동원하여 함께 판사집에 몰래 잠입하여 판사 부부를 살인한 사건에서 판사 집 지하실에서 범인들이 기회를 엿보는 상황에 대해 말하는 장면.

 참고하세요

대학교 생활에 관한 대화 내용이 나오는데 수업, 구내식당 관련 대화에서 언급될 수 있는 말입니다. Cf) crinkling: (종이를) 부스럭거리는 소리를 내는

maverick

독자적 입장을 취하는 지식인/예술가/정치가 등, 이단자, 비동조자

**someone who is unconventional and independent, and
do not think or behave in the same way as other people**

토플엔 이렇게 나온다

지구온난화로 인한 서식지 파괴로 이 종의 어린 나무들을 비교적 잘 자랄
수 있는 지역으로 재배치하는 일을 하는 독자적 지식인 그룹을 주시할 것입
니다.

미드 | Scene 176-1

Ron Carver: We served on committees together. I admire
him as a **maverick**, a man who lifted himself up from the
streets.

*Ron Carver: 우리는 위원회에서 함께 근무했었어요. 나는 그분을 이단자로서 존
경해요. 길거리 출신으로 스스로를 일으켰던(자립했던) 분이죠.*

<Law&Order: Criminal Intent> S1_EP15 00:29

미드 | Scene 설명

Ron Carver 검사가 많은 사람들이 싫어하는 Blake Moore를 좋아하는 이유
를 말하는 장면.

Day 177

mediocre

보통의, 평범한, 2류의

not very good

 토플엔 이렇게 나온다

평범한 회사 제품에 환경인증마크를 붙인다 하여도 소비자들은 크게 신뢰하지 않을 것입니다.

미드 | Scene 177-1

Penelope Garcia: they named it that because it's also the name of a **mediocre** yet awesome Michael Douglas movie from 1983.

Penelope Garcia: 그들은 그렇게 이름 지었지. 왜냐하면 그것은 1983년에 나온, 평범하지만 멋진 마이클 더글라스 주연의 영화 제목이기도 하니까.

<Criminal Minds> S9_EP12 00:05

미드 | Scene 설명

법무부 웹사이트와 새너제이 경찰국 해킹을 한 배후 집단의 이름인 '별의 방'에 대해 얘기하는 중 '별의 방' 이름의 유래에 대해 Penelope Garcia가 얘기하는 장면.

mouthful

(발음하기 어려운) 말

a long word, name, or phrase that is difficult to pronounce

토플엔 이렇게 나온다

Australopithecus(오스트랄로피테쿠스; 인류의 옛조상) 발음하기 어렵네요.

미드 | Scene 178-1

Jason Gideon: Psychopath. Paranoid personality disorder.
Bake: That's quite a **mouthful**, Jason.

Jason Gideon: 정신 질환, 편집적 인격 장애.
Bake: 꽤 발음하기 어려운 말들이로군요, 제이슨.

<Criminal Minds> S1_EP08 00:30

미드 | Scene 설명

취조실에서 Jason Gideon의 살인범을 조사하는 장면.

PART 02 · 토플이 풀리는 미드 어휘

207

odd

이상한

strange

 토플엔 이렇게 나온다

그런 상황이라면 이상하군요(학생의 문제점 언급해 주는 대화 부분에서 해당 문제
점을 들었을 때 반응의 말).

미드 | Scene 179-1

Movie studio staff: He's an **odd** guy.
Lila: Yeah, but who isn't a little odd out here?

Movie studio staff: 그(마이클)는 이상한 남자야.
Lila: 그렇죠. 하지만, 여기서 약간이라도 이상하지 않은 사람이 누가 있겠어요?

<Criminal Minds> S1_EP18 00:15

미드 | Scene 설명

영화배우 Lila가 Lila의 소속사 관계자 Michael에 대해 영화 촬영 현장 직원과
대화하는 장면.

offset ~

~와 상쇄/상계하다

to counterbalance, counteract, or compensate for

 토플엔 이렇게 나온다

기존 자동차의 수리 비용과 부품 교체 비용은 자율주행자동차의 수리에 들어가는 비용을 상계(상쇄)하고도 더 들어간다.

미드 | Scene 180-1

Quark: You never know where they might be hiding.
Tarkalian Minister: And a six percent tariff was imposed to help **offset** the lost income of Tarkalian sheepherders.

Quark: 그들(카르마산 양털 선적에 몰래 잠입하는 침입자)이 어디로 숨을지 절대 모를 거예요.
Tarkalian Minister: 그리고 타켈리안 목동들의 잃어버린 수입을 보전(상쇄)하는 데 보탬(도움)이 되도록 (연방에 의해서) 6퍼센트의 관세가 부과되었어요.

<Star Trek: Deep Space Nine> S4_EP07 00:01

미드 | Scene 설명

카르마와 연방 간의 무역에 관하여 (불만을 얘기하는) 카르마의 무역장관, Captain Benjamin Sisko, Quark가 대화하는 장면.

overwhelm

압도하다, 주눅들게 하다

to overpower the thoughts, emotions, or senses of

 토플엔 이렇게 나온다

① 보고서를 쓰기 위해 찾은 자료의 양이 너무 많아 압사할 지경이에요.
② 시골에 있는 학교를 다니다 대도시에서 학교를 다니니 학기 초에는 캠퍼스에 사람이 너무 많아서 위축이 되었어요.

미드 | Scene 181-1

Bale: And the emotional release I would feel by pressing that button… well, that was just a little too **overwhelming** to pass up.

Bale: 버튼을 누름으로써 느끼는 그 감정의 배출… 그것은 간과하기엔 약간 압도적인 것이었어요.

<Criminal Minds> S1_EP03 00:21

미드 | Scene 설명

Jason Gideon이 팜비치 폭파범에 대한 정보를 얻기 위해 애틀랜타 주 조지아 연방교도소에 수감 중인 Bale을 찾아와 질의하는 장면.

penetrate

침투하다, 침입하다, 관통하다

to enter, pass into, or force a way into

 토플엔 이렇게 나온다

① 기업이 외국시장으로 침투(진출)합니다.
② 외래종이 국내로 침입합니다.
③ 전자파가 침투합니다.

미드 | Scene 182-1

A Boy: I love arrows. It can completely **penetrate** the body of a small animal. It's the most effective kill.

A Boy: 전 화살이 좋아요. 작은 동물의 몸을 완전히 관통할 수 있죠. 가장 효과적인 도살이죠.

<Criminal Minds> S2_EP21 00:14

미드 | Scene 설명

Jason Gideon이 살인사건이 벌어진 아이다호 디어파크 보이즈 국립공원에 도착하여 만난 지역 소년과의 대화 장면.

Day 183

runaway

통제할 수 없는, 다룰 수 없는

escaping or having escaped restraint, captivity, or control

토플엔 이렇게 나온다

사하라 사막에서는 통제불가능의 건조함이 있었습니다.

미드 | Scene 183-1

Mrs Halbert: Tom wants to have another baby, did I mention this? Let's see, I'm 38 years old, and I have **runaway** boze growing out of my feet.

Mrs Halbert: 탐이 아기 또 하나 갖기를 원하고, 내가 이 얘기 했던가, 보자, 38살 이고 통제할 수 없는 뼈가 발에서 자라고 있지.

<Criminal Minds> S3_EP04 00:00:10

미드 | Scene 설명

살인 피해 여성(가정주부)이 살해되기 전 주방에서 음식을 준비하며 전화 통화 하는 장면.

saturated

포화된

unable to hold or contain more; full

토플이 풀리는 Tip

식물학(식물의 특징-식물 구성성분 특이점) 또는 경영학에서 사용될 수 있는 단어입니다.

토플엔 이렇게 나온다

① 더 이상 신규 고객 유치가 없는 포화상태의 시장입니다.
② 그 상품의 제조업체가 너무 많이 생겨서 시장은 그 종류의 상품으로 포화된 상태입니다(~ be saturated with the product).

미드 | Scene 184-1

The doctor: Microcellular analysis is complete. Odd. The tissue is **saturated** with theta radiation.

The doctor: 미소세포 분석이 완료되었어요. 이상하군요. 이 조직은 세타 방사능에 포화된 상태네요.

<Star Trek: Voyager> S5_EP21 00:35

미드 | Scene 설명

방사능 물질 저장고 폭발로 방사능이 유출되고 있고 폭발의 위험이 있는 우주 화물선의 폭발을 막고자 화물선 안으로 이동한 보이저호 대원들 중 Chakotay가 부상으로 보이저호에 돌아온 후 Doctor와 대화하는 장면.

scrape

문지르다, 벗겨내다, 긁어 모으다

to remove (an outer layer, for example) **from a surface by forceful strokes of an edged or rough instrument**

토플엔 이렇게 나온다

① 다른 시들의 일부분들을 긁어 모아서 만들어진 작품입니다.
② 사포(Sandpaper)로 염소가죽으로 만들어진 문서 표면을 문질러서 벗겨내는 것은 어떤 글을 쓴 흔적도 완전히 제거할 수 있었습니다.

미드 | Scene 185-1

Dr. Spencer Reid: It was pure torture. Skin was **scraped** off, bones were broken.

Dr. Spencer Reid: 아주 단순한 고문이었죠. 피부가 벗겨지고, 뼈가 부러졌어요.

<Criminal Minds> S8_EP02 00:05

미드 | Scene 설명

샌디에이고, 로스엔젤레스 두 도시에서 발생한 살인사건 피해자가 어떤 식으로 살해당했는지에 대해 대화를 나누는 장면.

self-explanatory

추가 설명이 필요 없는, 자체로 설명이 되는

needing no explanation; obvious

 토플엔 이렇게 나온다

생물용어 핵심종(Keystone species)이나 돌고래의 반향 위치 탐지법(Echoloca-tion)은 추가 설명이 필요없습니다.

미드 | Scene 186-1

A neighbor: Tina, I can't thank you enough for loaning me Sarah for our slumber party.
Tina: It's my pleasure.
A neighbor: Everything is **self-explanatory**.

A neighbor: 티나, 우리 집 파자마 파티에 새라(티나의 가정부)가 돕게 해 줘서 뭐라 감사해야 할지 모르겠네요.
Tina: 뭘요.
A neighbor: 파티 준비 사항은 읽어 보면 돼요. 추가 설명이 필요없어요.

<Law&Order: Criminal Intent> S2_EP07 00:00:27

미드 | Scene 설명

살인사건이 벌어지게 되는 아파트 이웃끼리의 대화 장면.

참고하세요

동의어는 self-evident(자명한)가 있습니다.

self-sustaining

자급자족하는

able to sustain oneself or itself independently

토플엔 이렇게 나온다

얼음이 발견된다면 자급자족하는(식수공급 측면) 화성기지의 실현을 가능하게 해 줄 것입니다.

미드 | Scene 187-1

Jason Gideon: What do we know about this sect?
Penelope Garcia: Liberty ranch was founded in 1980 by libertarian Leo Kane. He created it as a **self-sustaining** commune.
Derek Morgan: Libertarians believe that everyone has the right to do what they want as long as they aren't infringing on the rights of others.

Jason Gideon: 이 교파에 대해 뭘 알게 되었지?
Penelope Garcia: 자유 농장은 1980년 자유주의자인 리오 케인에 의해 설립되었어요. 그는 농장을 자급자족하는 공동체로 새로 만들었어요.
Derek Morgan: 자유주의자들은 타인의 권리 침해하지 않는 한 사람들은 그들이 원하는 것을 할 권리가 있다고 생각하지.

<Criminal Minds> S4_EP03 00:09

미드 | Scene 설명

비행기에서 이동 중에 FBI 요원들이 사건의 배경이 되는 집단(Liberty ranch)에 대해 의논하는 장면.

spot

발견하다, 탐지하다

to detect or discern, especially visually

 토플엔 이렇게 나온다

미어캣 무리들은 포식자의 접근을 발견하면 일제히 일사불란하게 움직입니다.

미드 | Scene 188-1

Aaron Hotchner: Yeah, but not for long. He would have left quickly.
Dr. Spencer Reid: Yeah, to avoid being **spotted**.
Aaron Hotchner: It doesn't make sense.

Aaron Hotchner: 그래, 하지만 (범인이) 오랫동안 남아 있던 건 아니야. 잽싸게 떠났을 테지.
Dr. Spencer Reid: 맞아요. 발각되는 건 피하기 위해서죠.
Aaron Hotchner: 이치에 맞지 않아.

<Criminal Minds> S1_EP02 00:09

미드 | Scene 설명

사건 현장(애리조나 주 템피브래드쇼 대학교 기숙사)에서 사건에 대해 Aaron Hotchner, Dr. Spencer Reid가 분석, 대화하는 장면.

Day 189

swamped

정신 못 차릴 정도로 몹시 바쁜, 허우적대는

to be overburdened or overwhelmed, as by excess work or great numbers

🪂 토플엔 이렇게 나온다

보고서 작성을 위해 찾아 놓은 방대한 자료의 양으로 인해 정신을 못 차릴 정도입니다.

미드 | Scene 189-1

Jennifer Jareau: I just got off with the hospital. They're **swamped** with over 50 potential poisonings from local restaurants, but no hallucinations.

Jennifer Jareau: 방금 병원에서 떠났어요. 그들은 그 지역 식당에서 발원한 50가지 이상의 중독 증세 때문에 바빠서 정신을 못 차리고 있어요. 하지만 환각증세는 없어요.

<Criminal Minds> S1_EP13 00:20

미드 | Scene 설명

뉴저지에서 발생한 독극물을 이용한 범행 피해자들에 대해 Jennifer Jareau가 얘기하는 장면.

swing ~

감당하다, 주선하다

① to influence or manipulate successfully
② to cause to come about successfully; manage with the desired results

 토플엔 이렇게 나온다

수강료가 한 학기에 50달러인 컴퓨터 강좌의 수강은 감당할 수 있습니다.

미드 | Scene 190-1

Parker Dunley: Everything's for sale, and I can definitely **swing** a nice discount for a friend.

Parker Dunley: 모든 것은 판매 중이고 확실히 친구한테는 흡족할 만한 할인을 할 수 있죠.

<Criminal Minds> S1_EP18 00:00:53

미드 | Scene 설명

Dr. Spencer Reid가 미술 전시회에서 오랜만에 고등학교 친구 Parker Dunley 와 만났을 때 Parker Dunley가 Dr. Spencer Reid 일행인 Jason Gideon에게 말하는 장면.

tangential

거의 관계가 없는, 빗나가는, 지엽적인

divergent or digressive: tangential remarks

토플엔 이렇게 나온다

학생의 보고서는 주제와 거의 관계가 없는, 즉 불필요한 정보를 많이 담고 있어요.

미드 | Scene 191-1

Leonard Hofstadter: When you say "seeing Penny", what exactly does that mean?
Sheldon Cooper: We had dinner last night. She made spaghetti with little hot dogs cut up in the sauce. Well, little hot dog. I had to give the other five hot dogs to a real dog. A real big dog. A hellhound. **Tangential** to the main story.

Leonard Hofstadter: 페니를 본다고 할 때, 정확하게 그게 무슨 말이야?
Sheldon Cooper: 어제 저녁 우리 두 사람이 저녁을 먹었어. 그녀가 작은 핫도그를 넣은 스파게티 소스가 있는 스파게티를 만들었지. 작은 핫도그란 말이지. 난 나머지 다섯 개 핫도그를 진짜 도그(개)한테 주어야만 했어. 정말로 큰 도그(개)였지. 헬리바운드. 주제에서 벗어난 얘기를 했구나.

<The Big Bang Theory> S3_EP20 00:14

미드 | Scene 설명

옆집 사는 이웃(페니)과 저녁식사를 하고 온 Sheldon Cooper가 그와 같이 살고 있는 Leonard Hofstadter와 대화하는 장면.

trade-off

비견관계, 상호보상관계, 상쇄

an exchange that occurs as a compromise

 토플엔 이렇게 나온다

첨단기술이 생활의 편리함을 가져다주지만 그에 못지 않게 높아진 맹목적인 기술 의존도로 인해 기술 작동 불능 시 나타날 수 있는 사람들이 정신적 스트레스, 금전적인 손해는 비견관계로 볼 수 있습니다.

미드 | Scene 192-1

Emily Prentis: We can't use Lucy like that.
Aaron Hotchner: It's a **trade-off** we have to make.
Emily Prentis: So, we are using a dead 12-year-old girl in a bathing suit as a bargaining chip? for what?

Emily Prentis: 루시(살해 피해 여아)를 이렇게 이용해 먹을 수 없다고요.
Aaron Hotchner: 원하는 걸 얻기 위해 우리가 보게 되는 손실이야.
Emily Prentis: 그래서 12살 난 여아가 수영복입고 죽은 모습을 이용한다. (놈의 마음을 구슬리겠다고요?) 거래를 위한 미끼인가요? 도대체 무엇 때문에요?

<Criminal Minds> S5_EP08 00:15

미드 | Scene 설명

버지니아 햄튼 가족 살해범에 대한 단서를 얻기 위해 교도소에 수감 중인 유사한 수법의 범죄자인 Karl과 대화하는 중에 칼이 살해당한 Lucy의 사진을 보여달라고 요구하자 Aaron Hotchner이 Emily Prentis와 대화하는 장면.

참고하세요

Trade-off 사례

- 화학: 촉매 이용 시 화학 반응 속도 ↑ → 화학 반응 결과물과 양 ↓
- 경제: 물가 상승 막기 위한 금리 ↑ → 실업률 ↑
- 통신: 핸드폰 사용 전력 ↓ → 배터리 수명 ↑ but 통화 품질 ↓
- 철학: 첨단 기술 개수 ↑ → 부작용/기술 맹신 ↑

thaw

녹다, 해동되다

to change from a frozen solid to a liquid by gradual warming

 토플엔 이렇게 나온다

지구온난화의 영향으로 극지방의 연간 빙하 해동량이 증가하는 추세입니다.

미드 | Scene 193-1

Ron Carver: We'll never get anything out of this mutt.
James Dickens: Did the autopsy on Mr. Ferguson prove he'd been frozen then **thawed**?

Ron Carver: 저 바보한테서 아무것도 얻어 내지 못할 겁니다
James Dickens: 퍼거슨 씨의 부검이 시체가 얼고 그다음 해동됐다는 걸 증명했나요?

<Law&Order: Criminal Intent> S2_EP01 00:30

미드 | Scene 설명

경찰서 취조실에서 살인 혐의를 받고 있는 Russell Mathews가 변호사를 대동한 채 심문받는 상황을 지켜보는 Ron Carver와 James Dickens의 대화 장면.

Day 194

threshold

임계치, 역치, 한계

the level or strength at which a stimulus is just perceived

토플엔 이렇게 나온다

최소의 자극 임계치 이상이어야 반응이 나타나게 됩니다.

미드 | **Scene 194-1**

David Rossi: finding new ways of challenging himself, increasing his stimulation **threshold**. There are no boundaries for this man.

David Rossi: 그 자신에게 도전하는 새로운 방식을 찾으면서 흥분 자극 임계치를 높였어요. 이놈에게 어떤 경계선이란 건 없어요.

<Criminal Minds> S3_EP13 00:17

미드 | **Scene 설명**

펜실베니아 주 필라델피아 남부 지역에서 범행 대상을 여성으로 하는 범인에 대해 분석하는 장면.

 참고하세요

역치: 반응을 나타내기 위한 최소 자극.

unintended

의도치 않은

not intended

 토플엔 이렇게 나온다

침입종의 개체 수를 줄이고자 하는 노력으로 바이러스를 침입종에 감염시킨 다면 다른 종의 생물들이 이 바이러스에 감염되어 개체 수가 크게 감소하는 의도치 않은 결과가 나타날 수도 있습니다.

미드 | Scene 195-1

Penelope Garcia: Hiya. I thought you guys were getting cold feet. Oh, pun **unintended**.
Aaron Hotchner: Garcia, tell us if anyone ordered the following supplies.
Dr. Spencer Reid: Besides liquid nitrogen, they need large stainless steel dewars for body storage.

Penelope Garcia: 안녕하세요, 여러분들 발 얼었어요? 오. 그냥 별 뜻 없는(의도적 인 게 아닌) 농담입니다.
Aaron Hotchner: 가르시아, 내가 다음 공급품(지금 말해 주는 공급품) 주문했던 적 있는 사람 우리에게 알려줘.
Dr. Spencer Reid: 액화 질소 외에 시체를 보관할 정도로 큰 스테인리스 철 소재 보온병을 주문한 적 있는 사람을 찾아줘.

<Criminal Minds> S10_EP11 00:20

미드 | Scene 설명

네바다 주 볼더 시 살인 사건과 관련하여 Garcia에게 정보 조사를 요청하는 장면.

unanimous

만장일치의, 같은 의견의, 합의의

sharing the same opinions or views; being in complete harmony or accord

 토플엔 이렇게 나온다

당신을 팀의 리더로 뽑고자 하는 우리의 의견은 만장일치입니다.

미드 | Scene 196-1

A neighbor: Listen, Mike, about the settlement··· We'd all feel better if it's **unanimous**.

A neighbor: 저, 마이크, 합의 말인데··· 의견을 통일하는 게 서로 좋을 것 같아서 말이야.

<Law&Order: Criminal Intent> S3_EP08 00:09

미드 | Scene 설명

뉴욕 채널아일랜드에서 부인을 잃은 Mike의 집에서 Mike와 이웃이 대화하는 장면.

versatile

다방면의, 다재다능한

① capable of doing many things competently
② having varied uses or serving many functions

 토플엔 이렇게 나온다

그 교수는 여러 분야의 과목을 가르치는 다재다능한 사람입니다.

미드 | Scene 197-1

Harry Kim: Neelix does too many things to have just one station. He's our ambassador, morale officer⋯.
Chakotay: ⋯ trade negotiator ─ without a doubt, he's the most **versatile** member of our crew.

Harry Kim: Neelix는 단지 station 하나 얻고자 너무 많은 것을 합니다. 그는 우리의 대사이고 사기진작 담당자입니다.
Chakotay: 거래 협상가이며 의심의 여지 없이 그는 승선한 대원 중 가장 다재다능한 일원이죠.

<Star Trek: Voyager> S7_EP23 00:20

미드 | Scene 설명

소형 왕복선 사고 조난 중 소행성에 살고 있는 탈렉스인을 만난 Neelix가 보이저호로 복귀할 때 보이저호를 구경시켜 주고자 동족을 보이저호로 데려왔을 때 Harry Kim과 Chakotay가 Neelix 동족에게 Neelix를 띄워 주는 장면.

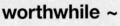

Day 198

worthwhile ~

가치 있는 ~

sufficiently valuable or important to be worth one's time, effort, or interest

토플엔 이렇게 나온다

체육 수업의 가장 가치 있는 점은 바로 건강의 증진이라는 점입니다.

미드 | Scene 198-1

School counselor: I know I can't help every young person who needs it. And I know I'm a joke to lots of the students. But I do help some of them, and that makes everything **worthwhile**.

School counselor: 나는 그것을 필요로 하는 모든 어린이들을 도울 수 없다는 걸 압니다. 그리고 학생들에게 웃음(농담)거리라는 걸 알아요. 하지만 피해자 학생들 중 몇 명을 돕는다. 그리고 그렇게 하는 것이 모든 것을 가치 있는 일로 만든 거죠.

<Criminal Minds> S12_EP05 00:26

미드 | Scene 설명

재학 시 괴롭힘 피해자였던 범인이 그 당시 본인을 괴롭혔던 가해 학생과 유사하고 보복 대상을 대리할 만한 현재 학교 다니는 학생을 학교에서 물색하여 그 가족을 살해한 사건이 있었는데, 이와 관련하여 단서를 얻기 위해 필스버리 고등학교 상담가와 대화하는 장면.

참고하세요

the most worthwhile: 가장 가치 있는 ~

228

weigh

~을 저울질하다, ~의 경중을 따지다

① to choose carefully or deliberately
② to consider carefully

토플이 풀리는 **Tip**

weigh pros and cons(장점과 단점의 경중을 따지다)라는 말로 표현되기도 합니다.

Scene 199-1

Jason Gideon: You're **weighing** the life of a child against the price of a door?
Detective in Wilmington Police Dept.: I'm **weighing** the law against the price of a door.

Jason Gideon: 지금 출입문 가격(불법적 침입으로 인한 손해배상)과 아이의 생명을 저울질하는 겁니까?
Detective in Wilmington Police Dept.: 출입문 가격(불법적 침입으로 인한 손해배상)과 법을 놓고 저울질하는 겁니다.

<Criminal Minds> S1_EP12 00:35

미드 │ Scene 설명

델라웨어 주 윌밍턴의 위급한 사건 현장(범인이 아이를 감금하고 있는 가정집)에서 수색영장이 없어도 아이를 구출하기 위해 집 안으로 진입해야 한다는 Jason Gideon과 영장 없이는 안 된다고 말하는 지역 경찰관의 대화 장면.

Day 200

zip

횡 하고 날다, 핑 소리를 내며 지나가다, 빠르게 하다

to move with a sharp hissing sound

토플엔 이렇게 나온다

① 세월이 당신을 빨리 지나침(세월의 덧없음).

② 기차를 타고 창을 통해 밖을 바라보면 풍경, 집들, 나무들이 그냥 빠르게 당신을 지나치지요.

미드 | Scene 200-1

Alexandra Eames: (speaking to Robert Goren) David's number two, Aston Skinner, he's back in town.

Aston Skinner: I **zipped** back from southampton the minute I heard.

Alexandra Eames: 데이비드의 이인자인 애스턴 스키너, 그가 마을에 돌아왔어.

Aston Skinner: 그 소식 듣자마자 사우스햄튼에서 급히 돌아왔어요.

<Law&Order: Criminal Intent> S10_EP04 00:08

미드 | Scene 설명

Alexandra Eames 형사와 Robert Goren 형사가 살인사건(피해자: 데이비드) 관련자를 탐문하는 장면.

 참고하세요

zip past you: 당신을 빠르게 지나치다